# 《农业规划中区域主导产业选择与现代化水平研究》

# 著者名单

主　著：关　鑫（沈阳师范大学管理学院）

　　　　张　恬（中国中医科学院中药资源中心）

副主著：卢　布（中国农业科学院农业资源与农业区划研究所）

　　　　魏琨翔（沈阳师范大学管理学院）

参　著：李建国（中国农业科学院农业资源与农业区划研究所）

　　　　曹　宇（承德医学院）

　　　　梁泽恒（沈阳师范大学管理学院）

　　　　张　露（沈阳师范大学管理学院）

　　　　文世鑫（沈阳师范大学管理学院）

　　　　王心茹（沈阳师范大学管理学院）

　　　　孙兆雪（沈阳师范大学管理学院）

　　　　娄春景（沈阳师范大学管理学院）

# 序　言

关鑫博士发来他们准备的书稿，让我作序。我考虑良久，觉得可说以下几点。

首先，选择主导产业在农业规划中，或者是在区域农业发展中，是一个决策工作的首要问题，在区域农业规划中研究农业现代化水平，测算农业现代化发展水平是正确的。这两个方面（主导产业选择和农业现代化测算）的工作紧密相关，客观地认识区域发展现状以及探讨发展前景的一个重要基础，是判定发展基础或现状的重要工作。因此，多了解规划的背景、时代背景、政策法规背景、自然资源与社会资源背景，对提出高质量的意见建议具有重要作用。

其次，关于创新，包括理论、方法和产出成果的创新。关鑫团队的研究在这些方面都有一些突破。理论创新是对农业和规划问题深层逻辑的概括和总结；方法创新包括工具的研制；产出成果的创新就是提出有价值的判断和举措建议。

再次，计量经济的应用。计量经济的应用和人工智能的应用是一个很好的趋势，在这本书里也比较好地体现了这一点。这本书的出版，会对我国的农业农村规划工作起到积极的推动作用，对这个学科发展也会起到建设性的作用，也希望得到各级领导、各位同事的批评指正，探讨研究。

最后预祝这本书出版发行顺利，获得大家的支持和认可，也预祝关鑫博士及其团队取得更多的成果。

2024年9月　北京

# 前　言

区域规划作为政府引领地区社会经济发展和建设的战略部署，越来越受到从中央到地方各级政府与企业的高度重视，切实成为各级部门施政施策的重要依据。农业规划是一定区域内对于未来农业发展、资源利用、产业转型、产业调整布局等所进行的总体部署，通过农业主导产业选择研究与农业现代化水平测度提升农业规划的含金量，对于统筹城乡发展农业、合理开发利用农业资源、提高项目串联的科学性等具有重要的指导性。农业主导产业选择是农业规划需要解决的核心问题之一，它是农业规划成文原则的重要依据，是规划的定位与目标的重要组成部分，更是建设重点与区域布局的具体表现。农业现代化是全面推进乡村振兴战略的总目标，也是实现农业强国的必要条件，只有持续推进农业现代化，才能有效确保我国农业高质量持续发展，进而为现代化国家的建设提供助力。本书以农业规划的需求为研究视角，尝试设计主导产业优选分析软件，构建区域（省域—市域—县域）多维尺度的农业现代化测算模型，用以开展农业规划区实证性研究；依托农业"新六产"理论探讨农业主导产业培育为农业新业态的机理，并以农业现代化为基点归纳农业强国建设路径，揭示农业产业发展的内部逻辑与外部联系，以期为区域发展政策与农业区域规划设计提供决策依据。

本书内容分为上下两篇，上篇为"农业规划中区域主导产业选择研究"，包含第一至第七章；下篇为"农业规划中区域现代化水平测算研究"，包含第八章至第十五章。

上篇中，主导产业选择涉及的范围包括水稻、小麦、中药材等农作物种植产业，蔬菜、水果等园艺作物产业，蛋鸡、肉鸡、生猪等畜牧产业，淡水鲤鱼、海产贝类等水产产业，面粉生产、牛奶加工等第二产业，农业休闲旅游、农业展会、农区养老等第三产业。第一章为绪论，从研究背景、研究目的、研究意义、研究思路等方面讨论本书上篇的写作思路与研究基础；第二章为研究进展，对农业主导产业的总体研究进展与主导产业优选研究进展进行系统梳理，并总结过往研究中存在的不足之处与不详之处；第三章为核心概念与理论基础，简要概述农业主导产业所包含的主要概念和得以开展的理论基础，提出了具有理论内涵与实践模式的农业"新六产"理论；第四章、第五章为产业选择的计量模型构建与软件设计，界定了产业选择范围与各类原则，从多模块的理论模型出发，结合框架算法详述从模型初创至软件设计的流程；第六章为实证分析，立足主导产业选择软件功能对特定研究区域开展实证分析，并对结果进行分析，依托"新六产"理论，并结合新业态实现路径详述5种业态模式；第七章为上篇内容总结与展望。

下篇中，第八章为绪论，从研究背景、研究意义、研究目的等方面讨论农业现代化多维尺度测算的写作思路与研究基础；第九章为研究进展，从农业现代化相关理论视角及农业现代化水平测算视角分别梳理相关领域的研究进展，并以此为基础寻找研究开展的切入之处；第十章为研究思路，从实证分析的指标设计思路与研究开展思路出发，讨论农业规划区区域农业现代化水平测算的开展思路；第十一章与十二章为市域视角下农业现代化水平的测算方法与实证分析，对测算方法、数据来源、测算体系进行简要概述，并开展市域视角的农业现代化的实证分析，并从评分差异与时空差异角度分析实证结果；第十三章与十四章为县域视角下农业现代化水平的测算方法与实证分析，对测算方法、数据来源、测算体系进行简要概述，并开展县域视角的农业现代化的实证分析，并从评分差异与空间差异角度分析实证结果；第十五章为下篇内容总结与讨论。

本书能够顺利出版，得到了辽宁省教育厅青年项目"乡村全面振兴视角下辽宁省县域农业主导产业发展的新思考"（LJKQR20222500）、沈阳市社会科学项目"中国式现代化进程中粮食全产业链布局优化助推沈阳农业强市"（SYSK2023-01-178）等项目支持，谨此致谢。

此外，本书20余万字，关鑫博士完成了10万字的初稿撰写工作，涉及第一至第十五章，张恬、卢布、李建国与曹宇为本书的主线思路、创新内容提供了重要指导，在此谨表谢意。沈阳师范大学管理学院关鑫博士的团队成员参与本书具体的撰写工作，上篇中梁泽恒负责第一章、第三章至第六章，王心茹负责第二章，文世鑫负责第六章，娄春景负责第七章；下篇中张露负责第八章与第九章，魏琨翔负责第十章至第十四章，孙兆雪负责第十五章。

另在撰写过程中，参考并引用了一些学者的意见和观点，限于篇幅，不能一一列出，谨此致谢。尽管做了最大努力，但由于著者水平有限，书中仍可能存在谬误或疏漏之处，敬请读者批评指正。

著　者<br>2024年9月

# 目  录

## 上篇  农业规划中区域主导产业选择研究

### 第一章  绪  论 ·································································· 3
第一节  研究背景 ···························································· 3
第二节  研究目的 ···························································· 5
第三节  研究意义 ···························································· 6
第四节  研究内容与框架 ··················································· 7
第五节  研究方法 ···························································· 9

### 第二章  农业规划中区域主导产业选择研究进展 ·················· 11
第一节  基于CiteSpace量化分析农业主导产业研究进展 ······ 11
第二节  主导产业优选研究进展 ········································ 19
第三节  区域农业主导产业优选研究进展 ··························· 23
第四节  研究进展述评 ···················································· 26

### 第三章  农业规划中区域主导产业选择核心概念与理论基础 ··· 28
第一节  核心概念 ·························································· 28
第二节  主导产业优选理论 ·············································· 29
第三节  农业"新六产"理论 ·············································· 32

### 第四章  农业规划中区域主导产业选择模型构建 ··················· 37
第一节  理论模型设定 ···················································· 37
第二节  理论模型集成 ···················································· 38
第三节  理论模型的算数逻辑 ··········································· 48

## 第五章　农业规划中区域主导产业选择软件设计 …… 49

第一节　流程图设计与软件制作基础 …… 49

第二节　总体设计 …… 51

第三节　输入产业处理模块 …… 54

第四节　区域已有产业优选模块 …… 55

第五节　区域引入产业优选模块 …… 64

第六节　加权偏好处理模块 …… 68

第七节　产业排名输出模块 …… 70

## 第六章　农业规划中区域主导产业选择实证分析 …… 74

第一节　研究区域——湖北省枣阳市 …… 74

第二节　产业选择与数据选取 …… 75

第三节　实测分析——枣阳市农业规划区内主导产业优选 …… 77

## 第七章　农业规划中区域主导产业选择研究总结与展望 …… 93

第一节　研究总结 …… 93

第二节　研究展望 …… 98

# 下篇　农业规划中区域现代化水平测算研究

## 第八章　绪　论 …… 103

第一节　研究背景 …… 103

第二节　研究意义 …… 105

第三节　研究目的 …… 106

## 第九章　农业规划中区域现代化水平测算研究进展 …… 107

第一节　国外关于农业现代化的研究 …… 107

第二节　国内关于农业现代化的研究 …… 110

第三节　农业现代化的理论基础 …… 113

第四节　主要评价方法 …… 116

第五节　主要指标体系的构建 ·················· 119
　　第六节　目标值或标准值的确定 ················ 121
　　第七节　CiteSpace可视化分析 ················· 122

**第十章　农业规划中区域现代化水平测算研究思路** 127
　　第一节　农业现代化发展要素理论框架 ············ 127
　　第二节　农业现代化发展路径理论框架 ············ 128

**第十一章　省域农业现代化指标体系与研究方法** ······ 132
　　第一节　省域农业现代化发展数据参考 ············ 132
　　第二节　数据处理与发展水平计算 ··············· 132
　　第三节　省域农业现代化评价体系 ··············· 133

**第十二章　省域农业现代化水平实证分析** ············ 135
　　第一节　辽宁省农业现代化发展数据来源 ··········· 135
　　第二节　辽宁省农业现代化发展结果分析 ··········· 135
　　第三节　乡村全面振兴视角下辽宁省农业现代化发展展望 ··· 140

**第十三章　县域农业现代化水平的计量测算方法** ······ 143
　　第一节　县域农业现代化发展数据参考与研究方法 ····· 143
　　第二节　县域农业现代化发展指标体系 ············ 145
　　第三节　县域农业现代化发展研究思路 ············ 147

**第十四章　县域农业现代化水平实证分析** ············ 149
　　第一节　辽宁省县域农业现代化发展数据来源 ········ 149
　　第二节　辽宁省县域农业现代化发展水平分析 ········ 150
　　第三节　辽宁省县域农业现代化助力农业强省建设路径思考 ··· 152

**第十五章　结论与讨论** ························· 157
　　第一节　省域农业现代化水平实证分析的结论与讨论 ··· 157
　　第二节　县域农业现代化水平实证分析的结论与讨论 ··· 158

**参考文献** ······································ 160

# 上篇

## 农业规划中区域主导产业选择研究

# 第一章 绪 论

## 第一节 研究背景

### 一、区域农业主导产业优选的需求背景

在我国数千年的历史长河中,农业一直扮演着举足轻重的角色,是中华民族赖以生存的基础,是社会发展、安居乐业的保障。农业支撑着我们引以为傲的璀璨文明延续至今,让我们有着"文明古国""农业大国"称号的美丽家园被世人津津乐道。改革开放以来,我国农业现代化建设取得了举世瞩目的成就,很多地区实现了从"传统农业"到"现代农业"发展的过渡,粮食生产连年丰收,保证了粮食安全的基础且有一定余粮。在取得欢欣鼓舞的成绩背后,同样要正视国内农业发展中存在的问题与不足,各类"三农"问题不断限制着现代农业发展的步伐,人多地少、环境恶化、资源短缺等不良趋势亟待寻找突破。

党的十八大以来,在深刻分析国内外形势、准确把握我国经济社会发展阶段性特征的基础上,从构建社会主义和谐社会、加快推进社会主义现代化的全局出发,党中央提出了把解决好"三农"问题作为全党工作重中之重的基本要求。从2004—2024年的"中央一号文件"中不难发现,农业产业结构调整是解决"三农"问题的必要途径之一;是制定一系列强农惠农政策,采取重大农业举措的目标之一;是发展现代农业、建设现代农业园区和培育特色农产品主产区的核心要素之一。为达成区域农业产业结构调整的目标,区域"三农"问题的突破需要参考农业规划对区域农业主导产业的优选。

乡村振兴涵盖了乡村的方方面面,归根结底是发展问题,其中产业振兴

是落实乡村振兴战略的基本要求和先决条件，只有切实加强产业发展保障、调动群众积极性以及激活产业发展模式才能形成落实战略的重要动力。为了更好地在当前经济背景下发展现代农业并解决好"三农"问题，加快破解我国农业农村发展的阶段性矛盾，中共中央、国务院印发《乡村振兴战略规划（2018—2022年）》，开启谱写新时代乡村发展的新篇章。中央提出乡村振兴战略，是针对中国特色社会主义进入新时代后社会主要矛盾发生重大变化而做出的战略决策，实施乡村振兴战略，重点是要继续大力推进农业现代化，实现乡村产业全面振兴。

2023年中央农村工作会议强调，推进中国式现代化，必须坚持不懈夯实农业基础，推进乡村全面振兴。农业产业融合作为推动产业振兴、实现农业转型升级的重要手段，是产业振兴的核心战略之一，具有重要的研究价值；而农业"新六产"作为农业产业融合的"升级版"，在乡村振兴战略全面实施阶段更具有深入探索的意义。

## 二、区域农业规划的发展背景

随着我国区域经济的蓬勃发展，社会经济出现新常态，规划作为政府干预市场的重要手段，越来越受到党中央和地方各级政府与企业的高度重视，切实成为各级部门开展工作的重要依据。农业规划是在一定区域内对未来农业发展、资源利用和产业转型调整布局进行的总体部署，提升区域农业规划的含金量对统筹城乡农业发展、开发利用农业资源以及科学决策串联项目具有重要的指导意义。

国外区域农业规划起源于18世纪后期，西方国家的地理学家、农业经济学家先后进行农业区划研究。德国经济学家杜能在其《孤立国同农业和国民经济的关系》一书中，提出了按照最大利润原则配置农业的理论和环状生产分布的构想；德国经济学家恩格尔·布雷希特提出运用农作物和畜禽及其他相关农林牧渔部门在地理位置中的优势来规划农业区；斯坦普提出了以土地结构为主要依据并参照农业中的优势部门划分农业类型的理论。这些西方国家早期研究的成果成为世界各国研究区域农业规划与发展的理论基础。

我国的区域农业规划工作开始于20世纪60年代的农业区划工作。为了满足社会主义经济建设时期的重要需求，相关部门提出了国家级农业区划的探索思路，大部分省（市）也初步完成了省级、市级区域农业区划。到20世纪80年代初期，我国完成了国家级的农业区划工作。但随着客观的经济发展重心变化等原因，一定时期内，我国农业规划工作滞后于区域经济规划，存在着规划重心单一、模式单一、手段单一以及方法单一等问题，严重制约了区域现代农业的创新发展。

当今，我国农业现代化建设快速发展，区域农业规划需求也在不断提高。农业规划为区域发展理论提供支撑。随着规划目标不再单一，循环经济理论、区位经济转移理论和异地农业理论等热门研究成果逐渐应用于区域农业规划之中，数字农业也成为区域农业规划的重要工具。

## 第二节 研究目的

在区域经济快速发展的同时，我国社会发展呈现出新常态，各区域对于农业规划的需求不断增加，对于农业规划的权威性、操作性和科学性的要求也在不断增加。为此，在规划中结合现代化的信息处理技术，通过先进技术辅助农业规划者进行科学规划将更具意义。农业规划工作中确定区域主导产业，既要考虑已有产业发展的前瞻性，又要分析引入产业激活区域产业链的可能性，也应兼顾各级涉农政策的变化对区域产业的影响。只有把握好以上基本思路才有可能确立适合区域发展的主导产业，紧抓区域农业现代化建设的契机。

在农业规划实践中，主导产业优选在指标选择维度、评价方式难度和规划实情融入等方面存在提升空间，可以从指标使用便捷性、方法逻辑合理性、数学运算简易性、引入产业需求性以及政策收益影响性5个方面寻求优选方法的突破。根据区域农业规划对于优选区域农业主导产业需求的特征，在结合优选主导产业的经典理论和国内新的指标设计方法、流程图制作技术的基础上，设计出区域农业主导产业优选的理论模型，以此与工程师联合开发辅助软件，最后通过实测分析检验方法的可行性，并结合产业升级新理念的农业"新六产"理论为区域农业的规划者进行指导与辅助。

## 第三节 研究意义

### 一、农业主导产业带动区域农业产业结构的调整

农业产业结构调整，需要推动农业主导产业的优化升级，完善农业和农村技术服务体系，加速科技成果向现实生产力转化。产业调整需要开拓农村市场，搞活农贸物流，大力发展农副产品加工业，建立健全食品安全管理机制，全面提高农业和农村经济的竞争力。农业主导产业作为区域农业产业结构的核心，具有较强的成长性、关联性、创新潜力及扩散性，对整个区域农业乃至整体产业的经济增长和产业结构优化具有引导与推动作用，所以区域农业主导产业的发展必将带动区域内农业产业的结构调整。

### 二、区域农业主导产业优选是农业规划的需求

农业主导产业优选是农业规划需要解决的核心问题之一，它为区域农业规划提供了重要的理论依据，是规划的定位与目标的重要组成部分，是建设重点与区域布局的具体表现，更是农业规划者业务水平与眼界的体现。农业内部产业体系庞杂，小企业众多，鼻子眉毛一把抓会令人迷失，只有把握住该区域内需要发展的主导产业才能对资源进行合理整合，厘清整体脉络，进而优化整个区域的产业结构。同时农业规划除了运用一些调查方法与评价方法之外，还需要在技术方法方面进行一定的突破。其中在对主导产业优选的过程中，引用指标体系与优选方法模型提高了规划的科学性、精准性和表现手法的多样性。除此以外，根据农业规划的目标标准不同，在优选产业时可能并非需要根据复杂的指标体系筛选出来的产业排序情况，而是需要粗略易懂的结果便于规划者对优选出的产业进行定性分析与研判。

### 三、农业规划需要融入新技术

区域农业规划是对农业进行全面、长期的安排与部署，是根据国家和地

区在一定时期内国民经济发展的需求，充分考虑现有生产基础以及自然、经济和技术条件，进一步利用改造的潜力与可能性，拟定具有一定年限的、有科学根据的农业发展定位、发展设想、轮廓指标、投资安排及主要实施措施等。农业规划属于指导性规划，具有综合性、战略性、长远性的特点。

由于不同区域自然禀赋与环境气候存在着明显差异，不同区域要合理快速地发展现代农业就离不开农业规划的战略性指导作用。但农业规划本身在发展中并不成熟，缺少学科界定，因此其操作性、科学性与区域性理应受到重视。传统的农业规划中经常使用调查与评价方法、分析及决策方法、SWOT分析法、交流方法、预测方法、对比分析法与软件制图法等，以上方法已经不能满足当下的需求，区域农业规划需要借助互联网平台等新的技术方法。3S技术（RS、GPS和GIS）、层次分析法以及专门化系数法等开始进入区域农业规划之中，使规划在战略性判断中更加高效快捷且更有科学依据。

总结以上分析结果，设计区域农业主导产业优选软件辅助农业规划具有深远的意义。

# 第四节 研究内容与框架

## 一、研究内容

一是通过对已有研究的梳理，深入分析国内外关于主导产业优选的经典理论方法，例如比较优势理论、产业关联理论等，分析它们在实际应用中的优势和局限性，为设计新的理论方法提供借鉴和启示，为体系的设计提供操作性基础。同时，考虑到我国特定的国情和产业结构，结合经济发展阶段和区域特点，进行理论方法的优化和定制化设计，提出农业"新六产"理论。通过对流程图制作法的学习，掌握软件开发中常用的逻辑分析和设计方法，为软件开发提供逻辑方法上的指导，帮助开发人员厘清思路、规划任务以及确定功能模块，从而提高软件开发的效率和质量。

二是根据前期的理论分析和研究成果，构建主导产业优选的理论方法体系。其中包括模型库、数据库等基础成分，用于存储和管理相关数据和模型；完整的逻辑流程图等表达成分，清晰地梳理主导产业优选的决策流程和逻辑关系；还有对于不同产业进行不同分析而使用的指标与影响因素，用于评价和比较不同产业的竞争优势和发展潜力。基于以上特征，设计实际可操作性强、具有开放性、拥有偏好性和更易理解的区域农业主导产业优选的理论方法。

三是将设计好的理论方法转化为实际的应用软件，具有用户友好的界面和操作流程能够方便用户输入数据、进行分析和生成结果。同时，还需要建立相应的数据库，用于存储和管理软件所需的各种数据和模型。应用软件的制作由专业的软件编程员完成，根据设计好的逻辑流程图和功能要求，进行软件开发和测试工作。

四是利用理论方法生成的辅助软件对区域进行农业主导产业优选的实测。通过输入相应的数据和参数，运行软件进行分析和计算，得出不同产业的优势和劣势以及发展潜力评价。这样的实测结果可以为地方政府和企业提供科学的决策依据，指导其制定产业发展战略和政策措施。

五是对研究成果进行评价与展望。从理论方法的实用性、软件的稳定性和准确性等方面进行评价，分析其在实际应用中的效果和局限性。同时，对未来的研究方向和发展趋势进行展望，提出进一步深入研究和改进的建议，以不断提升主导产业优选理论与实践的水平和质量。

## 二、研究框架

研究框架见图1-1。

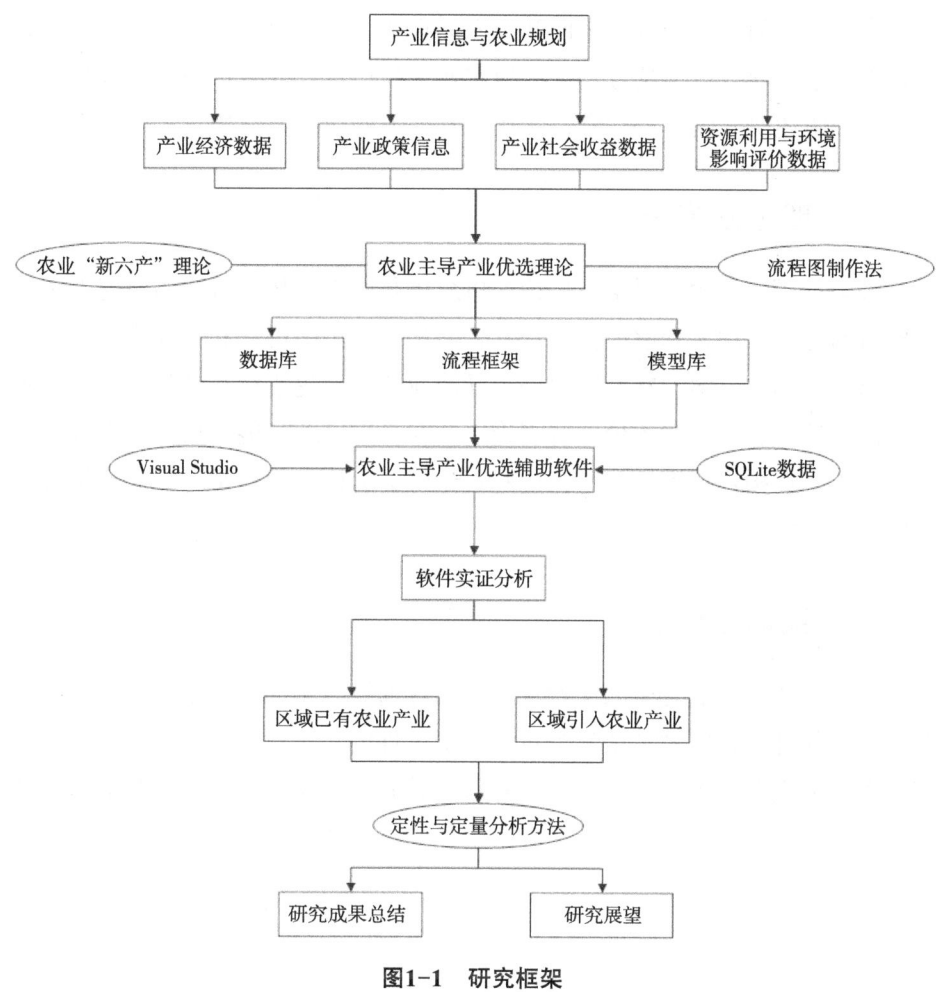

图1-1 研究框架

## 第五节 研究方法

### 一、文献分析法

文献分析法是一种通过对文献材料进行收集、整理、分析和评述的研究方法，是通过对以往研究成果和学术论著进行系统性的研究和综述，以获取对特定主题、问题或领域的全面和深入的理解。研究总结以往文献、期刊和书籍中对于主导产业优选方法、区域农业主导产业、农业规划需求等相关知识，用于阐述研究内容与背景，并在此基础上构建研究框架。

## 二、理论分析法

理论分析法是用于对某一理论或概念进行全面分析和解释的研究方法，主要目的是深入理解和解释特定理论，并根据理论的内涵和特征为实际问题提供指导或解决方案。在对国内外主导产业选择理论进行总结与分析的基础上，研究整合、比较和评价这些理论，并在其中寻找可能适用于特定背景的理论基础。在构建模型框架时，这些理论将会为研究提供帮助，能够指导软件的开发与完善。

## 三、实测分析法

实测分析法将问题带入实践阶段。研究通过以湖北省枣阳市为例，利用开发出的软件进行定性和定量分析，验证软件的实际效果，并对软件设计进行完善。从实践中总结经验教训，并对区域农业优选主导产业进行更深入的研究。

# 第二章　农业规划中区域主导产业选择研究进展

党的二十大报告提出，全面建设社会主义现代化国家，最艰巨最繁重的任务仍然在农村。在全面推进乡村振兴的背景下，确保农业兴旺、农民增收和乡村宜居成为下阶段农业农村工作的重点。因地制宜地选择和培育农业主导产业，对推动区域农业农村发展有重大意义，因此，培育与发展农业主导产业不仅具有推动区域经济的引擎价值，更具推动乡村振兴实现的时代价值，其重要性不言而喻。本研究以农业主导产业相关领域1 037篇文献为基础，梳理前期研究进展，把握领域研究脉络，讨论研究时代价值，展望领域发展前景与趋势，以期为相关政策制定、理论研究提供参考。

## 第一节　基于CiteSpace量化分析农业主导产业研究进展

以"农业主导产业""农业产业主导性"为主题，利用CiteSpace对中国知网数据库收录的1990—2021年的1 037篇文献进行可视化分析，研判农业主导产业发展方向，展望相关领域研究趋势，对培育具有区域特色的农业主导产业具有重大时代价值。

### 一、研究方法和数据来源

#### （一）研究方法

CiteSpace是基于Java语言开发的一款信息可视化分析软件，广泛应用于各领域，研究选该软件对"农业主导产业"领域相关文献进行量化分析。

### （二）数据来源

研究以农业主导产业相关领域"农业主导产业""农业产业主导性"为主题词，针对中国知网数据库1990—2021年SCI、EI、核心期刊、CSSCI和CSCD 5个数据库1 037篇中英文文献，利用CNKI的可视化分析功能对检索结果进行初步分析。研究发现，1990—1993年相关领域发文量极少，直至1994年发文量进入上升期，2007年相关领域发文量达到高峰共97篇，表明"农业主导产业"正成为众多学者、机构共同关注的研究主题，2010年后发文量逐渐平稳，如图2-1所示。

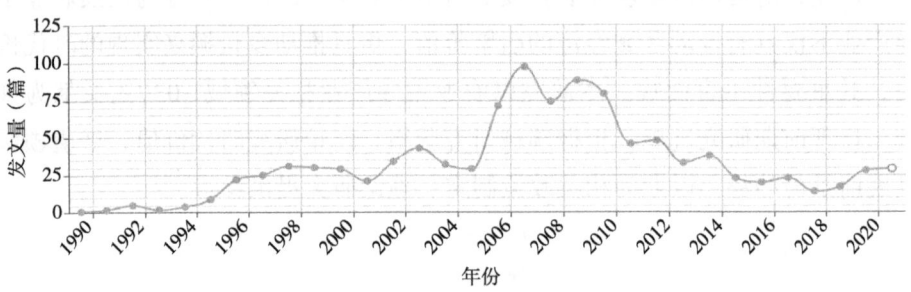

**图2-1　发文量变化趋势**

## 二、研究趋势与热点分析

### （一）作者共现情况

通过作者共现分析，可以识别核心作者及其研究团队间的合作关系与引证强度，研究得到作者节点208个，连线80条，网络密度0.003 7。研究得出以下结论。

**1. 发文量方面**

农业主导产业领域已出现多位高产作者，发文量前10的作者近30年发文数均逾60篇，其中夏树为最高产作者，发文96篇（图2-2）。

**2. 合作关系方面**

领域内主要作者的合作关系呈现出"大分散，小集中"的特征，各团队之间独立性较强。

3. 作者特征方面

如表2-1所示，受选择起始年份所限，发文量前10名作者首次发表年份均为1990年，距今时间已超过30年，这在一定程度上展示了作者整体年龄可能偏高的问题。

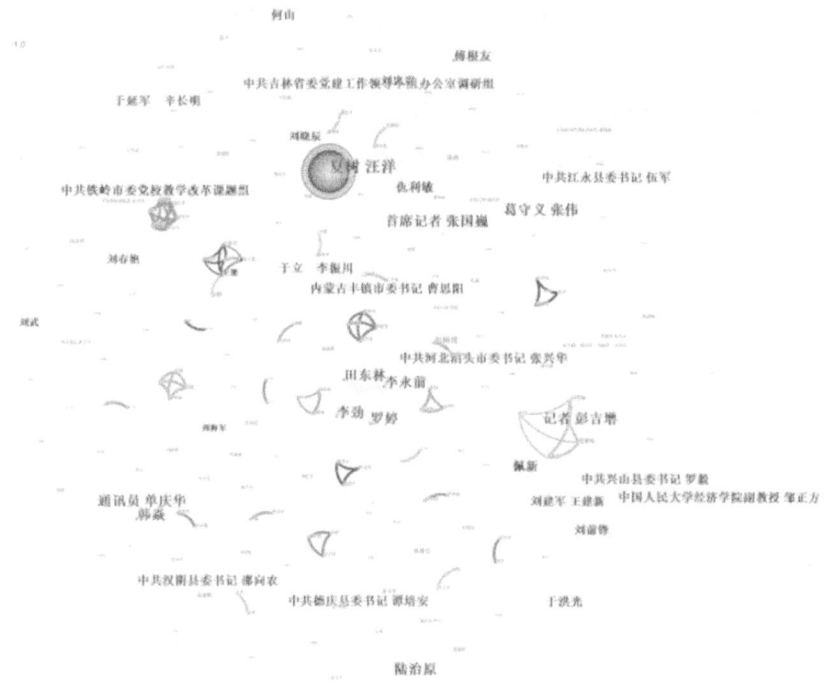

**图2-2　发文量变化趋势**

表2-1　农业主导产业领域核心作者发文量统计

| 排名 | 作者 | 文献数量（篇） | 首次发表年份 | 排名 | 作者 | 文献数量（篇） | 首次发表年份 |
| --- | --- | --- | --- | --- | --- | --- | --- |
| 1 | 夏树 | 96 | 1990 | 6 | 田东林 | 65 | 1990 |
| 2 | 罗婷 | 65 | 1990 | 7 | 单清华 | 64 | 1990 |
| 3 | 韩焱 | 65 | 1990 | 8 | 葛守义 | 64 | 1990 |
| 4 | 李劲 | 65 | 1990 | 9 | 陆治原 | 64 | 1990 |
| 5 | 李永前 | 65 | 1990 | 10 | 张国巍 | 64 | 1990 |

## (二）关键词共现

通过关键词共现分析，可以识别研究主题之间的相互联系与引证强度，研究得到关键词节点611个，连线数822条（图2-3）。研究得出以下结论。

一是"主导产业""全产业链""产业化""农民增收"以及"乡村振兴"等是被提及次数最多的关键词，且已形成初具规模的学术研究网络。

二是如表2-2所示，"主导产业"是出现频次最高、研究跨度时间最长的词，自1994年至今始终具有极高的学术热度。

三是近年来"乡村振兴""全产业链"和"现代农业"等关键词研究热度较高，与乡村振兴战略内容契合，紧跟产业振兴、产业融合以及农业现代化等政策内容。

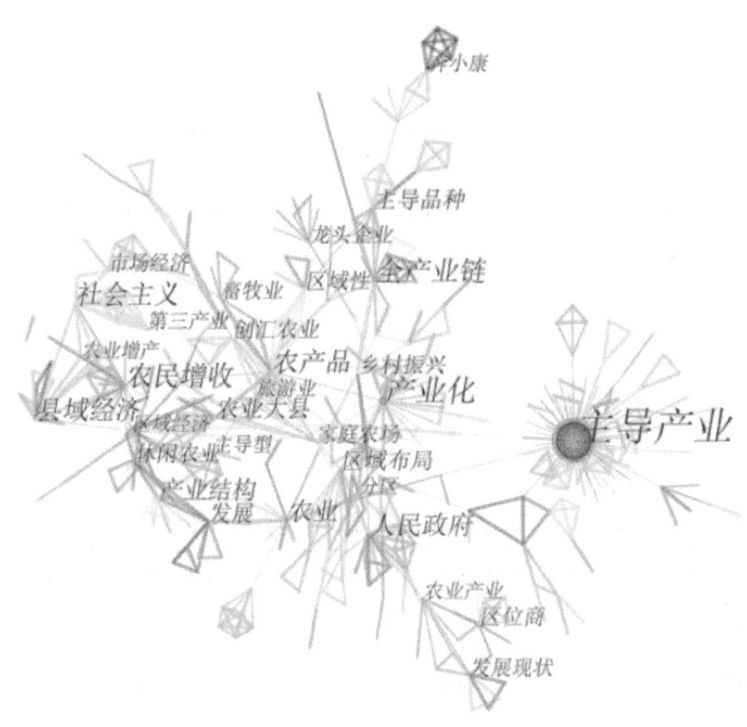

图2-3　农业主导产业领域文献关键词共现

表2-2 高频关键词信息汇总表

| 排名 | 关键词 | 出现频次 | 中心度 | 首次出现年份 |
|---|---|---|---|---|
| 1 | 主导产业 | 225 | 0.40 | 1994 |
| 2 | 产业化 | 51 | 0.35 | 1994 |
| 3 | 县域农业 | 35 | 0.05 | 1990 |
| 4 | 农业 | 33 | 0.17 | 1996 |
| 5 | 区域农业 | 17 | 0.00 | 1990 |
| 6 | 对策 | 16 | 0.02 | 1995 |
| 7 | 农民增收 | 13 | 0.24 | 1998 |
| 8 | 龙头企业 | 13 | 0.03 | 1998 |
| 9 | 现代农业 | 12 | 0.04 | 2007 |
| 10 | 产业结构 | 10 | 0.06 | 1992 |

## （三）基于关键词聚类的研究热点与发展动态分析

研究对关键词进行进一步聚类分析。Modularity为0.885 4>0.3，说明领域各研究主题间差异较为显著，而Silhouette为0.971 6>0.5，说明领域各聚类中关键词之间联系较为密切，共得到9个聚类。研究参考相关文献，梳理各聚类内生逻辑与彼此联系，将9个聚类分为4个模块，用以反映我国农业主导产业领域研究的发展趋势。

模块1：农业主导产业主体研究

这类研究主要包括聚类#0"主导产业"与聚类#2"全产业链"。聚类#0"主导产业"包含的关键词有建设思路、龙头企业、两型农业、保障措施、建设布局、农业开发、微利住房、待业率、库存和做大做强等；聚类#2"全产业链"包含的关键词有县域农业、产业集群、乡村振兴、产业园区、优良品种、产业融合、产业链、优势产区以及主导品种等。

该模块聚焦于主导产业主体的研究，注重探索现有主导产业的发展方向与发展思路。张韵（2022）提出现代农业的发展离不开全产业链模式的打造；王梁等（2012）提出主导产业在产业链条扩张上存在先发优势，有助于打造优势产业集群，拉动区域经济发展；范丽娜（2013）提出推进县域特色主导产业转型升级，可以形成新的经济增长点；陈超和徐磊（2020）以我国桃产业为例，论述了龙头企业在行业产业链整合过程中所发挥的积极作用与巨大潜力；也有学者从现代企业治理模式与经营模式的角度提出对区域主导产业转型的新思路。

模块2：农业主导产业培育的研究

这类研究主要包括聚类#1"产业结构"、聚类#3"产业化"以及聚类#5"农产品"。聚类#1"产业结构"包含的关键词有休闲农业、区域经济、农业以及发展对策等；聚类#3"产业化"包含的关键词有产业发展、优势、实证分析、姜堰市、三峡库区、困难、甘孜州、分区、发展措施和发展方向等；聚类#5"农产品"包含的关键词有旅游业、创汇农业、区域性、畜牧业、集贸市场、生产者、生产力、家庭农场、养殖户、农业大县、农技协、二次返利、农函大、以及产业发展等。

该模块聚焦于农业主导产业培育的研究，有学者从政策角度探究打造农业主导产业的存在价值。余双和高芬（2021）剖析发展农业主导产业对于乡村振兴战略实施的必要性；童洪志等（2021）以三峡库区为例，论述农业主导产业打造，破解城乡发展不均，稳固脱贫的现实意义。也有学者从主导产业的培育方式着手，李洁欣等（2022）运用多指标综合评价法对6个国家级农业平台载体主导产业高质量发展状况进行评价，提出农业主导产业的高质量发展离不开品牌价值的打造；秦开大等（2016）使用层次分析法与模糊综合评价法，以云南省高原特色农业为例，阐释产业融合与产业升级对农业主导产业发展的助力作用；谯江兰等（2022）以德阳市旌阳区为例，指出创建现代农业产业园是推进县域主导产业融合发展的有效路径；孙娟和李艳军（2014）认为特定区域的优势自然资源与人文资源有助于农业主导产业的培育，要充分发挥区位优势。

模块3：农业主导产业培育影响因素的研究

这类研究主要包括聚类#4"县域经济"和聚类#7"外部因素"。聚类#4"县域经济"包含的关键词有社会主义、优势地位、地方优势、几点做法、农业增产、山东省、万载县、三黄鸡、农民增收、主导战略、商品收购以及第三产业；聚类#7"外部因素"包含的关键词有对策、主导型、发展思路和现代农业。

该模块聚焦于农业主导产业培育影响因素的研究，注重于案例分析与路径分析。值得注意的是，县域经济作为一个较为热点的词汇，也一定程度说明了农业主导产业发展的区域性以及对区域经济的依赖性。张杏伟（2019）指出区域经济不仅影响各地区的经济优势发挥，还关乎区域优势产业的生存与发展；王泳茹（2020）认为龙头企业的规模效应对区域农业主导产业的发展具有巨大的示范与带动作用；张延龙等（2021）认为应该以龙头企业作为推进农业产业主抓手，以催化区域农业产业发展。

模块4：农业主导产业发展第三方的研究

这类研究主要包括聚类#6"人民政府"和聚类#8"区位熵"。聚类#6"人民政府"包含的关键词有主导产品、利益联结、加工品、分配方式、优质果、区域布局、保护价、水产品、原料基地、安徽省以及中介组织；聚类#8"区位熵"包含的关键词有农业产品、发展现状。

该模块聚焦于农业主导产业发展第三方的研究，尝试从第三方的角度探索农业主导产业发展路径。周艳丽（2019）指出当前我国农业产业化培育过程中面临地方政府重视程度不够，发展资金保障不力的问题；练晓月和常平平（2021）从财税角度提出，要加强财税支持与公共服务供给，完善金融保险相关服务政策与税收政策；匡远配和杨洋（2017）从政策角度指出，政府要引导要素流通与融合，创新流通机制，从而延长产业链和发展多功能农业。也有学者借鉴日本、美国农业产业金融化的实践经验，从金融模式角度提出农业主导产业发展的相关建议。

通过关键词时间线图谱分析研究发现，1994—2004年关键词聚类明显增多，表明参与相关领域研究的学者数量明显增长，值得一提的是"全产业链""乡村振兴"等关键词已成为新的研究热点。

乡村振兴战略是党的十九大报告中提出的我国未来相当长时期内指导农业农村工作发展的一项政策，农业主导产业的培育与发展亦是其题中之义，推进区域农业主导产业建设是落实乡村振兴战略的重要举措。2022年中央一号文件明确指出，聚焦产业促进乡村发展，持续推进农村一二三产业融合发展，推进现代农业产业园和农业产业强镇建设，培育优势特色产业集群，支持大中城市疏解产业向县域延伸，引导产业有序梯度转移。在农业产业融合发展不断深化、农业产业集群不断聚集、农业优势产业不断发掘的背景下，加快区域农业主导产业培育，推动区域农业主导产业做强，引导农业主导产业创新，对巩固脱贫攻坚成果，提升脱贫地区特色产业持续性，打造"一村一品，一县一业"发展格局具有重要意义。

### （四）不同时期的研究突现分析

如图2-4所示，通过节点突发性探测，研究归纳出15个突现持续时间超过1年的关键词。通过分析关键词突变时间和突变强度，研究得出以下结论。

| 关键词 | 年份 | 突现强度 | 开始 | 结束 | 1990—2021年 |
|---|---|---|---|---|---|
| 甘肃省 | 1990 | 3.69 | 1990 | 1995 | |
| 评价 | 1990 | 3.24 | 1990 | 1994 | |
| 科技资源 | 1990 | 3.10 | 1990 | 1994 | |
| 产业化 | 1990 | 13.61 | 1996 | 1999 | |
| 山西省 | 1990 | 2.93 | 1996 | 1997 | |
| 龙头企业 | 1990 | 3.62 | 1998 | 2008 | |
| 农民增收 | 1990 | 2.76 | 2001 | 2010 | |
| 畜牧业 | 1990 | 2.81 | 2005 | 2007 | |
| 现代农业 | 1990 | 4.74 | 2007 | 2015 | |
| 休闲农业 | 1990 | 3.11 | 2009 | 2015 | |
| 对策 | 1990 | 4.37 | 2011 | 2014 | |
| 产业发展 | 1990 | 2.60 | 2011 | 2021 | |
| 家庭农场 | 1990 | 2.27 | 2014 | 2017 | |
| 全产业链 | 1990 | 4.49 | 2017 | 2021 | |
| 乡村振兴 | 1990 | 3.54 | 2018 | 2021 | |

**图2-4 农业主导产业领域关键词突现情况**

#### 1. 突现强度方面

"产业化"突现强度13.61远超平均水平，从突现至今始终是领域内讨论重心，突现时间虽仅持续3年，但由其演进出的"六次产业化""龙头企业""全产业链"等诸多概念仍是相关领域研究热点。"现代农业"突现强度4.74位列第二，是2000年以来首个具有较高突现强度的关键词。

### 2. 突现时间方面

"龙头企业""产业发展"两词突现时间最长，均为10年。但有所不同的是，"产业发展"至今仍处于突现周期，并有望成为近30年突现时间最久的关键词。

### 3. 突现顺序方面

1997年以前领域研究围绕"科技资源"主线展开，1998—2010年领域研究围绕"龙头企业""农民增收"主线展开，其中2007—2015年领域研究围绕"现代农业""休闲农业"主线展开，并推动领域研究向"农业发展"转变，2017年至今以"乡村振兴""全产业链"为代表的研究方向推动领域发展。

值得注意的是关键词"乡村振兴"的出现。乡村振兴概念于2017年10月18日在党的十九大报告中首次提出，2018年便成为农业主导产业领域的研究热点以及作为关键词首次突现，这有力说明了乡村振兴与农业产业之间的紧密联系。伴随"乡村振兴"关键词突现的是"全产业链"与"产业发展"，这在一定程度上说明三者对农业产业的培育、选择、推动作用具有相辅相成的作用。可以预见，利用全面推进乡村振兴的战略契机，培育农业产业发展，推动农业产业链条融合延伸，将是下一阶段农业主导产业领域的重要研究方向。

## 第二节　主导产业优选研究进展

### 一、主导产业优选基准研究

优选基准又称为指标体系，国外学者主要研究成果如筱原基准、赫希曼基准和罗斯托基准等，这些成果对产业经济都产生很大影响。筱原三代平于1957年提出"需求收入弹性基准"与"生产率上升率基准"，筱原三代平提出基准的实质在于从供求两个方面反映产业结构演进的内在根源，强调将收入弹性和生产率上升率高的产业作为主导产业。日本产业结构审议会在筱原三代平的主导产业选择基准上又增加了过密环境基准和丰富劳动内容基准。过密环境基准是将环境与生态保护纳入主导产业选择进行考量，要求主导产业必须少环境污染、低能源消耗，强化社会防治和改善公害的能力，避免走上"先破坏，后治理"的高代价经济发展道路。丰富劳动内容基准要求在选择主导产业时优先考虑发展能为劳动者提供舒适、安全的工作岗位和稳定的劳动场所的产业，以提高社会成员的满意度和舒适度。赫希曼于1958年提出了"产业关联基准"，认为某一产业的经济活动往往会受到另一产业活动的影响，即产业间存在关联效应。关联效应较高的产业能够对其他产业和部门产生很强的前向关联、后向关联和旁侧关联，并依次通过扩散影响和梯度转移形成波及效应而促进区域经济发展。罗斯托于1960年在其《主导部门的起飞》一书中提出了产业扩散效应理论和主导产业选择基准，即"罗斯托基准"。他将自身增长快，又能带动其他部门发展的产业称作主导产业部门，并认为主导产业优势会辐射到相关产业链上，带动整个产业结构升级。

在国内经济主导产业优选基准研究方面，我国学者在借鉴国外观点的基础上结合中国实际国情提出了各种基准。孙士强和张贵（2008）构建了基于收入弹性、技术进步、产业关联和比较优势4类基准的量化分析模型，对京津冀地域第二次产业主导产业选择进行量化分析，探讨实际与规划中不同产业之间的差距，该研究后续被广泛应用于指标体系的构建当中；陈燕连等（2013）将其归纳为"三基准""四基准""五基准""六基准"及"七基准"，为主导产业优选研究提供了重要的研究思路。

## 二、主导产业优选方法研究

我国学者经常使用具有很强操作性的综合评价法对主导产业进行优选，例如使用层次分析法、钻石理论基准法、偏离份额分析法、主成分分析法与因子分析法等方法。在实际应用中，当数据欠缺或者数据可信度不高时，一般选用层次分析法、模糊分析法以及灰色关联分析法等；而当数据丰富且质量较好时，常使用投入产出法、偏离份额分析法、数据包络分析法、因子分析法、聚类分析法和加权求总法等，后者选择的方法基本为综合评价法。秦耀辰和张丽君（2009）根据计算时所选基准个数将区域主导产业选择方法分为单基准选择和多基准选择两大类（表2-3）。

表2-3 区域主导产业选择方法分类

| 分类 | 特征 | 代表模型 | 描述 |
| --- | --- | --- | --- |
| 单基准选择 | 根据单个选择基准优选主导产业 | 区位熵法 | 方便分析产业形成的区域比较优势 |
| | | 投入产出法 | 以物质流的形式研判不同产业之间投入产出的依存关系 |
| | | 偏离份额分析法 | 动态综合的反映区域产业现状基础与发展趋势 |
| | | 数据包络分析法 | 分析产业的输入、输出数据，评价其运行效率，方法科学、客观、操作简单 |
| | | 钻石理论基准法 | 兼顾区域的比较优势和竞争优势 |
| | | 主成分分析法 | 集中原变量中大部分信息，综合地、客观科学地分析研究对象 |
| | | 因子分析法 | 针对原变量进行重组，旋转后得到的公因子解释性更强 |
| | | 聚类分析法 | 根据变量域间相似性逐步地归群成类 |
| 多基准选择 | 根据多种指标优选主导产业 | 层次分析法 | 建立层次模型，构造判断矩阵，确定指标值较大的为区域主导产业 |
| | | 加权求总法 | 充分体现了主导产业的多属性、多功能、多层次等复杂特点 |
| | | 模糊分析法 | 通过多层次、多角度处理复杂的评价指标，分析研究产业的主导性 |
| | | 灰色关联分析法 | 使指标间的"灰"关系清晰化，能客观处理复杂指标间的非线性关系 |

## 三、主导产业优选的应用研究

随着主导产业优选基准的丰富化与我国学者对于区域产业结构内涵认识的深入化，主导产业优选的方法呈现出多样化并不断发展与完善。由于方法不同于基准，大部分基于统计学、多元统计学等领域，在此不对原理进行深入剖析。主导产业优选的应用研究在区域产业评价与发展中得到广泛关注。

研究者采用多种方法和模型，以适应不同地区的产业特征和发展需求。

2013年，舒倩和戴昕在《长沙市工业园主导产业选择研究》中，基于长沙市工业园产业发展现状，运用偏离份额分析法定量分析13个工业园主导产业，再结合利用优势资源、顺应市场演化趋势以及促进区域合理分工等内容对定量结果进行定性分析，从宏观层面对未来长沙工业园主导产业进行选择研究。

2013年，李林林和吴开在《城镇化背景下重庆市主导产业选择研究》中，以重庆统筹城乡经济发展的初期为背景，将重庆市投入产出数据为依据，结合产业经济学中有关主导产业选择的理论，采用因子分析法对重庆市的产业进行了选择，经过综合筛选，最终选择出重庆的主导产业并对重庆市城镇化发展提出政策建议。

2013年，孙晓娟和李娟在《欠发达地区主导产业的选择方法与实证分析》中，从经济欠发达地区实际出发，以甘肃省为例，根据投入产出法、熵值法和DEA法的相关原理，建立了"主导产业选择"的模型化体系，以投入产出表的数据为依据，对甘肃省42个产业部门进行了综合评价和效率评价，在此基础上按照综合评价为主、效率评价为辅的决策原则，分3个层次确立了甘肃省现阶段的主导产业，并结合甘肃省实际对所确立主导产业的未来发展方向和工作重点提出了对策建议。

2013年，苏成和聂春霞在《基于投入产出模型的新疆主导产业选择》中，利用新疆维吾尔自治区2007年投入产出流量表，采用影响力系数、感应度系数、区内相对比较优势度，计算出40个产业的综合得分，筛选出竞争力较强产业与关联度较强产业作为主导产业进行培养和支持。

2011年，许皓月等在《基于区位熵分析法的石家庄市优势农业主导产业研究》中，基于区位熵法研究了石家庄市农业结构内部各行业的比较优势。结果表明农业、牧业优势明显，进而具体分析了农业产品和牧业产品的区位熵，通过不同层次、不同角度的定量分析，具体地阐明了石家庄市优势农业主导产业现状。

2012年，王梁等在《模糊灰色关联的县域农业主导产业评价定量模型及应用》中，对农业主导产业进行了新的定义以及特征分析，获得了适合县域农业主导产业的评价准则及评价指标，推导出基于模糊综合评价和加权灰色关联评价的模糊灰色关联模型,又对其科学性进行了验证。

## 第三节 区域农业主导产业优选研究进展

农业主导产业是指在区域经济发展到一定阶段时,充分结合并利用本区域的自然条件且形成了一定的比较优势,产业本身具有很高的成长性、带动性以及扩散性,同时在生产上具有或者能够迅速获得先进的技术,在资金上有着较高的收益比,对整个区域的农业乃至全产业的经济增长以及产业结构调整均能起到导向与推动作用的农业产业或农业产业群。

区域农业主导产业的特征概括为以下4点。

### 一、区域性

农业作为第一产业对不同区域明显地呈现出不同的特点,这都是对自身区域内自然资源、气候、水文以及土壤等因素的适应,因此相对于第二产业、第三产业而言,农业主导产业受到的束缚性较强,可替代程度较低,生产出来的农产品也具有明显的比较优势。

### 二、动态性

区域农业主导产业在发现新的畜牧品种、新的作物以及开拓出新的农贸市场后,呈现出不同的生产能力与产业结构,保持着随各种自然禀赋变化的活动性。

### 三、关联性

区域农业主导产业应当对区域经济和上下游、侧面产业具有较强的产业关联效应,这种带动能力主要表现为主导产业的就业人口、生产能力、产业产值的变化而影响的相关产业的变化。

## 四、领先性

农业主导产业的形成一般具备很强的生产能力、经济基础,而具备这些要素必须拥有比其他产业更完善、更新型的技术成果的支撑,从而获得生产函数设定的特定周期的经济繁荣,成为技术进步的先驱产业。

当前我国主导产业的研究大部分集中于第二、第三产业与发达地区,农业主导产业优选的研究起步较晚,且主要集中于对符合区域农业特点的指标体系的建立,通过选择经典的优选方法模型和对具体县域主导产业的实证分析,验证自己研究成果的可行性。这种研究趋势的主要原因如下。

一是由于之前的研究大部分集中于第二产业和第三产业,部分学者套用其指标体系直接应用于农业主导产业的研究,现在的研究则是为了避免以上误区的深化,为农业发展选择更合理的农业主导产业。

二是农业主导产业本身的特征使得现在的学者需要采用创立指标体系的方法进行深入研究。农业主导产业具有产业增长速度快、产业关联度高、发挥本地资源要素优势、促进农民就业与创利、保护生态和可持续利用等特点,体现了现代农业的生产、生活以及生态三大特色功能。除此之外,大部分指标基于经济类统计数据,这种原因主要为其他类数据获得的困难性。

郭利朋等(2009)在分析河北省各市农业主导产业发展现状时,根据主导产业优选经典理论与农业主导产业的特殊性,设计了具有代表性的指标体系分析区域之间农业的发展情况,见表2-4。

表2-4　河北省各市农业主导产业分析

| 优选类型 | 优选理论依据 | 优选指标 |
| --- | --- | --- |
| 农业主导产业及各种组织形式的数量 | 龙头企业、专业市场、中介组织是反映主导产业组织形式多样化的指标,以上各种组织形式发展状况与速度将影响农业主导产业总体发展水平 | ①农业主导产业数量<br>②龙头企业数量<br>③专业市场个数<br>④成规模(销售额5亿元以上)企业数量<br>⑤成规模(销售额5亿元以上)主导产业数量 |

(续表)

| 优选类型 | 优选理论依据 | 优选指标 |
|---|---|---|
| 农业主导产业规模效益 | 农业主导产业的经济效益是反映农业主导产业发展现状的重要根据。所以，地区的农业主导产业要有显著的经济效益和较高的增长率 | ①农业主导产业销售额<br>②龙头企业销售额<br>③种植业产值<br>④养殖业产值<br>⑤农产品加工业产值 |
| 农业主导产业关联效应 | 根据农业主导产业的特殊性，以农民为核心研究对象，考虑农业主导产业对农民的带动关联作用 | ①种植业生产基地联系的农户数<br>②养殖业生产基地联系的农户数<br>③农产品加工基地联系的农户数 |
| 农业主导产业带动作用 | 农业主导产业的重要作用之一就是能带动农户生产、增加农民收入，农业主导产业应在农民收入的构成中具有较大份额 | ①农户的户均收入<br>②从产业化经营中得到的户均纯收入 |

于东澍（2012）在研究桓仁县主导产业选择问题时，根据农业主导产业的特色拟定了选择标准，并在此基础上设计出符合县域特征的指标体系，如图2-5所示。

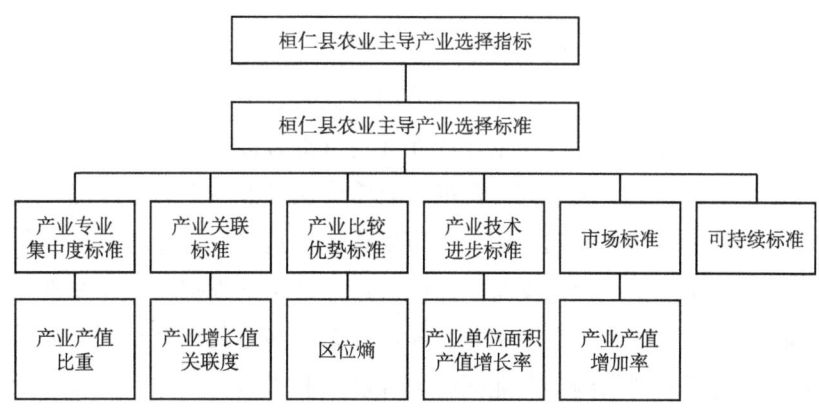

**图2-5 桓仁县农业主导产业指标分析**

刘红梅等（2007）、王梁等（2012）等从区域生态角度上设计了评价区域农业主导产业的指标，杨丽琴和邓艾（2008）、陈萍萍（2011）等选择不同区域，如省、市、县不同面积的区域使用成熟的选择指标进行区域农业主导产业的优选，诸如此类区域的农业实证分析成为研究热点。

在农业规划中区域主导产业优选方法的研究较少，陈海霞等（2009）尝试使用较简单的指标极差标准化法、层次分析法对连云港市农业产业进行实证分析，选择较符合农业规划特征的农业产业优选指标体系。以陈海霞等的研究为基础，朱绪荣和邓宛竹（2013）设计了更符合规划特征的指标体系，并结合规划实操中的困难提出了部分参考依据。

## 第四节　研究进展述评

随着农业经济的不断发展和全球化趋势的加强，农业主导产业相关研究日益成为研究的焦点，基于CiteSpace量化研究分析，近30年农业主导产业领域的发文量呈现"稳步提升，集中爆发，逐步平稳"的趋势。国内外学者针对农业主导产业的选择基准、优选方法以及应用研究均进行了深入的探讨，为农业主导产业的健康发展提供了重要的理论支撑和实践指导。

在农业主导产业研究热点方面，主导产业、全产业链、产业化、农民增收以及乡村振兴等是农业主导产业相关领域研究热点，且已形成初具规模的学术研究网络。同时，近几年，"乡村振兴""全产业链""现代农业"等关键词研究热度高，与乡村振兴战略内容契合，紧跟产业振兴、产业融合和农业现代化等政策内容。在主导产业优选基准方面，国外学者在这一领域的研究成果显著，主要包括筱原基准、赫希曼基准和罗斯托基准等，优选基准或指标体系在主导产业选择中具有重要作用。这些基准模型从不同角度为主导产业的选择提供了理论支持，影响了产业经济的发展。筱原基准强调通过需求收入弹性和生产率上升率来反映产业结构演进的内在机制，而赫希曼基准和罗斯托基准则强调了产业间的相互联系和影响，指出了主导产业在区域经济发展中的引领作用。这些理论的综合运用有助于制定更为科学、可持续的产业政策，为主导产业选择提供了多维度的理论支持。在主导产业优选方法上，农业主导产业相关领域研究更加强调实证性研究，众多学者不断尝试引入其他学科的研究方法与理论基础，以定性分析研究农业主导产业的培育和发展。我国学者借鉴国外理论并结合中国实际国情，发展出了一系列具有操作性的综合评价法，包括层次分析法、钻石理论基准法、偏离份额分析法、主成分分析法和因子分析法等。这些方法在实际应用中根据数据的可用性和质量进行选择，为准确、科学地选择主导产业提供了有力的工具。在应用研究领域，学者们结合具体地区的产业发展现状，运用各种主导产业优选方法进行实证分析。例如，通过对长沙市工业园、重庆市、甘肃省等地的主导产业进行定量和定性分析，为这些地区的产业发展提供了有针对性的政策建议。此外，还有一些研究运用区位熵分析法等方法，对农业结构内部各行业的比较优势进行分析，为农业主导产业的选择提供了科学依据。

综上所述，农业主导产业的研究在理论和实践方面都取得了显著的进展，然而，随着农业经济的不断变化和发展，农业主导产业的内涵不断丰富，不同时期的研究主题以其鲜明的政策导向被赋予更深层次的内涵，例如，未来"乡村振兴""全产业链"极可能成为领域未来研究的主要方向。

《"十四五"推进农业农村现代化规划》强调，把乡村建设摆在社会主义现代化建设的重要位置，实现巩固拓展脱贫攻坚成果同乡村振兴有效衔接，促进农业高质高效、乡村宜居宜业、农民富裕富足。我国著名经济学家林毅夫和赵秋运（2022）指出，乡村振兴首先必须是产业发展，只有产业才能够给农民提供就业，才能够让农民有不断增高的收入来源。《全国乡村产业发展规划（2020—2025年）》指出，产业兴旺是乡村振兴的重点，是解决一切问题的前提。可以预见在这样的背景下，农业主导产业的发展将会获得更加广阔的发展平台与有力的政策支持，应进一步深化研究农业主导产业与乡村振兴战略、农业高质量发展理念的拟合方式，加强农业经济理论与环境经济学、生态学、区域经济学、人口学等多学科的融合，尝试从金融工具、政策工具、文化元素、绿色发展等多领域、多视角、多维度，开展对农业主导产业的选择与培育研究，提出更具体、更富实践性的发展路径与发展建议，以其独具内涵的基础为我国农业产业高质量发展提供理论基础。

# 第三章 农业规划中区域主导产业选择核心概念与理论基础

主导产业的选择决定了一个区域经济基本结构或者一个国家整体产业结构的合理性与发展潜力，从亚当·斯密到筱原三代平，经济学家为主导产业优选的发展奠定了雄厚的理论基础。产业振兴是落实乡村振兴战略的基本要求和先决条件，农业产业融合作为推动产业振兴、实现农业转型升级的重要手段，是产业振兴的核心战略之一。而农业"新六产"理论作为农业产业融合的"升级版"，在乡村振兴战略全面实施阶段具有重要的研究价值，更具有深入探索的意义。

## 第一节 核心概念

### 一、农业规划

农业规划是对区域农业进行全面、长期的安排与部署，是根据国家和地区在一定时期内国民经济发展的需求，充分考虑现有生产基础以及自然、经济、技术条件和进一步利用改造的潜力与可能性，拟定具有一定年限的、有科学根据的农业发展定位、发展设想、轮廓指标、投资安排及主要实施措施等。农业规划属于指导性规划，具有综合性、战略性、长远性的特点，农业规划因具有规范指导与引导鼓动作用，已成为各级政府和农业企业推进现代农业建设的重要手段。。

### 二、区域主导产业

主导产业概念由罗斯托于1960年明确阐明，其研究对象针对的是国家专业化部门,其理论经现代经济学家在区域经济发展中得到延伸与应用,成为当代区域经济与发展经济研究的重点。在当前经济社会发展全面转型升级的大背景下,确定规划区内的主导产业是农业规划的核心内容,是规划质量的集中体现。产业振兴是乡村振兴的首要任务,加快发展乡村产业,促进乡村全面振兴,更要求农业规划者能提出适合于规划区域特点的、适合于农业企业承担的主导产业。

## 第二节 主导产业优选理论

### 一、经典理论

伴随着西方文明在前两个世纪的快速发展,其现代化、工业化达到了一定高度,经济理论历经不断发展与完善,已成为一套成熟的产业经济理论体系,其主导产业理论也成为指导一些国家与地区确定和发展主导产业以及制定产业政策的基础理论。

#### (一)比较优势理论

比较优势理论源远流长,最早可以追溯到亚当·斯密所提出的关于国际分工和贸易的绝对优势理论,随后李嘉图发展了亚当·斯密的绝对优势理论,并创立了比较优势理论。此后,赫克歇尔、俄林以及克鲁格曼等经济学家又从不同角度对这一理论进行了丰富。由于每个国家与地区在发展的各个时期都会具有某些资源上的相对优势,那么该地区便应当充分利用此类资源重点发展这些具有比较优势的产业部门,并以此为中心加强推动关联产业的协同发展,最终形成以区域优势产业为中心的产业结构。

#### (二)产业关联理论

经济学家赫希曼1958年在其著作《经济发展战略》中提出了产业关联理论,赫希曼认为任何一种产业部门不能独立存在于一个国家或区域,且全部需要通过市场或部门的供需关系形成关联，与相关部门相互连接形成产业链。产业之间关联程度的高低将直接表现出该产业在国民经济中的位置与经济增长过程中的价值，这类具有高关联度、在经济中能够有效渗透的主导产业在促进各产业乃至整个区域经济的发展过程中将起到重要作用。

赫希曼提出的产业关联度是指各产业之间在其产品供需上形成的关联或依赖程度。从生产活动部门中选择产业关联效应最大的作为主导产业，并使用影响度系数与感应度系数衡量产业关联度。在实际应用中，一个区域内影响广度深度最大、带动能力最强的产业应考虑优先发展为主导产业。

## （三）经济增长理论

20世纪中期，罗斯托提出了经济增长理论的概念，揭示了主导产业更替规律。他认为在任何经济发展时期，不同产业部门增长速度有着广泛且明显的差异性，其中关键产业增长情况将对整个国民经济产生巨大的直接或间接影响。其对于主导产业的概念主要揭示为国家级部门中的价值，罗斯托定义这些关键性部门为主导部门或驱动部门。

就实践操作而言，罗斯托没有明确给出主导产业的选择标准，但是根据其相关理论可以总结出优选主导产业的两个因素，其一，优选的主导产业应该拥有强劲的增长势头、显著的生产规模或生产潜力；其二，无论是何种扩散效应，优选的主导产业都应该渗透到整个产业结构内，有效地带动其他产业增长。

## （四）产业集群理论

来自哈佛商学院的美国当代著名经济学家波特，于1990年在其著作《国家竞争优势》中明确提出产业集群概念并加以严格定义。波特认为，产业集群是一组地理上靠近的相互联系的公司和关联机构，它们同处在一个特定的产业领域，由于具有共性或互补性而联系在一起。

产业集群用来定义在某一特定领域中，大量产业联系密切的企业以及相关支撑机构在空间上集聚，并形成强劲、持续竞争优势的现象。产业集群是产业演化与发展过程中的地缘经济现象，属于经济发展与生产力发展所产生的必然结果。产业集群现象是产业发展的基本规律，可以根据集群理论调整产业的发展方向，培育新型主导产业，优化区域整体的产业结构，提升产业水平与区域经济竞争优势。主导产业对关联产业的显著性影响是产业集群产生的原因与动力之一，集群化产业的形成使主导产业再次获得了发展的动力与持续竞争的优势。

### （五）需求收入弹性理论与生产率上升理论

为振兴第二次世界大战之后的日本经济，著名经济学家筱原三代平发表了《产业结构与投资分配》，他提出了规划日本产业结构的两个著名基准，被称为筱原两基准。在主导产业的优选中要优先选择那些在未来拥有不断攀升的需求量即拥有上升的市场占有率以及较高经济效益的产业；同时，应该充分考虑先进的生产技术，促进生产效率的提高，相应地降低成本，获得更高的经济收益，加快此类产业的发展从而提高整个社会的经济效益。筱原三代平所创立的需求收入弹性与生产率上升理论在实际应用中操作性较强，标志着国家部门与区域主导产业的优选理论初步形成。

## 二、经典理论述评

有关主导产业优选的经典理论发展可以追溯到经济学创始之初，作为决定经济发展战略的关键问题之一，主导产业的选择决定了一个区域经济基本结构或者一个国家整体产业结构的合理性与发展潜力。从亚当·斯密到筱原三代平，经济学家为主导产业优选的发展奠定了雄厚的理论基础，见表3-1。但是由于时代的局限性和我国自身的经济发展特点，大部分理论无法直接应用，需要在后期被转化成可操作性的指标体系，同时要根据具体区域的经济结构特征与数据的可靠性选择适当的主导产业优选指标。

表3-1 经典主导产业优选理论

| 理论名称 | 代表人物 | 优选基准 | 评价 |
| --- | --- | --- | --- |
| 比较优势理论 | 李嘉图 赫克歇尔 俄林 | ①静态比较优势准则 ②动态比较优势准则 ③要素禀赋角度的比较优势准则以及理论基础上的指标 | 开创理论，应用广泛，但是无法作为单一优选基准，无法直接操作，后人对其基准进行了改进 |

（续表）

| 理论名称 | 代表人物 | 优选基准 | 评价 |
| --- | --- | --- | --- |
| 产业关联理论 | 赫希曼 | ①感应度系数<br>②影响力系数 | 具有可操作性，实际应用广泛，但一般不作为唯一优选基准 |
| 经济增长理论 | 罗斯托 | 罗斯托基准——扩散效应（前向、后向、旁侧） | 理论性强，成为选择产业重要因素，但缺乏实践中的可操作性，一般用于对产业的定性分析 |
| 产业集群理论 | 波特 | | 扩充了主导产业优选的维度，具有深入研究的前景 |
| 筱原两基准 | 筱原三代平 | ①需求收入弹性系数=某产品的需求增长率/人均国民收入增长率<br>②生产率上升率=产出/全部投入要素 | 标志着主导产业优选理论初步形成，两大指标系数拥有较强的操作性 |

# 第三节　农业"新六产"理论

## 一、理论依据

农业"新六产"的理论依据是日本学者今村奈良臣提出的"六次产业化"理念，其主要思路是通过三类产业的融合，形成农产品生产、加工、流动、销售以及服务于一体的产业结构，通过提升产品附加值，激活乡村经济活力，吸引和鼓励劳动力、资金回流农业生产，让更多经济回报留在农产品的源头；其主要战略内容包括提供"六次产业化"制度保障、设立"六次产业化"管理与服务机构、明确"六次产业化"认证体系与审批流程、设立"六次产业化"财政补贴与金融支持等。

日本各地区的"六次产业化"战略实施，有力地推动了日本传统农业转型升级，较好地解决了农业生产过程面临的产品效益低下、要素聚集困难以及产业协同率低等问题，为推进我国当前农业发展、实现乡村振兴提供了理论参考。

## 二、内涵特征

农业"新六产"理论是对农业"六次产业"的升级和重构，是根据我国当前农业产业转型升级的需求而提出的具体化的、本土化的、可操作化的战略方案；其内涵是推动一二三产业融合发展的创新战略与新形势下推动乡村振兴的主攻方法，带动更多优质资源要素进入农业农村，激发区域农业发展动力与活力，加快形成产业强化、优化、美化发展格局，全面夯实乡村振兴的物质基础；其特征概括而言是"四新、四全"的产业融合战略，"四新"是指以新技术、新产业、新模式、新业态的拓展与应用为手段，"四全"是指以知识、技术、信息、数据全要素为支撑，进而实现提高农业创新力、竞争力、全要素生产率、品牌高端提价的战略部署；其本质就是破解乡村振兴背景下产业融合、产业振兴过程中遇到的各类问题。

农业"新六产"的理论认为，个体农户存在无法适应我国未来产业发展需求等相关问题，需要将家庭农场、农民合作社、专业大户与已经做强的农业龙头企业进行捆绑，定义新型主体，以农业龙头企业作为"冲锋号"，将政策扶持力度与农民利益群体共享，形成利益联结机制，既保障了新型主体的共同利益，又降低了产业融合过程中的高风险。农业"新六产"理念在结合产业融合思路与"六次产业"的模式基础上，提出了一系列农业新型业态，减少了已有产业融合模式下存在的产业结构割裂状况，达到完善产业链，强化产业结构的目的。农产品生产的产前、产中、产后一系列服务体系及基础配套体系存在不健全的现状，产生的外部效应阻碍了产业融合的进程，导致不同产业融合模式下产生的农产品缺少质量保障。农业"新六产"的战略理念覆盖了整个产品产出与消费过程中的服务体系与配套体系，可以有效地回避上述问题，在构建产业融合模式前，完善配套的各类基础体系与设施，在各类模式生产中，提升农产品的质量安全和产品的附加价值。

综合以上分析，将农业"新六产"定义为农业产业融合的"升级版"，是农村一二三产业跨界融合的集中体现，是加快农业新旧动能转换、推动农业高质量发展的实现途径，是以新技术、新产业、新模式与新业态为核心，以知识、技术、信息、数据等要素为支撑的农业经济发展模式。

## 三、理论架构

农业"新六产"的理论架构包含产业链条延伸、产业形成融合、新型业态产生等逻辑功能，架构是以产业间联动关系的形成为基础，通过产业聚集等发展模式的驱动作用，产生各具功能特质又兼具复合功能的新型业态。

如图3-1所示，农业"新六产"理论架构从层次角度出发，由产业联动层、发展模式层与新型业态层3个层次组成，层次内存在联动关系，层次间存在递进关系。

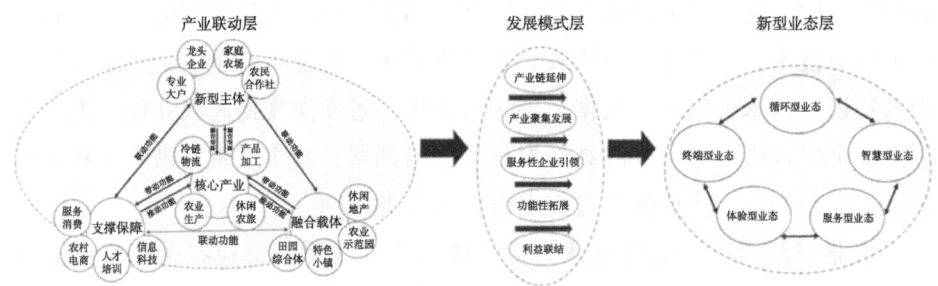

**图3-1 农业"新六产"理论框架（产业联动层+发展模式层+新型业态层）**

### （一）产业联动层

产业联动层由核心产业、新型主体、融合载体与支撑保障4个模块组成。核心产业是重心与基础，是联动形成的出发点，由4种主要的产业类型组成，第一产业中农林牧渔产业为基础，第二产业中农业初产品提升附加值的加工产业，第三产业中增加产品流通能力的冷链物流产业。除此之外，还包括农业生产与文化共存的三产；核心产业与其他3个模块之间存在带动关系，促进其他3个模块的发展壮大，并增加三者之间的联动频率；同时，其他3类模块反向推动4类核心产业间的融合。

新型主体模块即新型农业经营主体，其是农业"新六产"发展中重要培育对象，是产业转化的基地与劳动力产生的源头，模块内部由家庭农场、农民合作社、专业大户与农业龙头企业组成，其中农业龙头企业是各类主体中的"冲锋号"，具有辐射带动其他三者与组建新型业态功能基地的能力，同时四者之间存在利益联结机制，对于新型主体的发展提供了相互的保障功能。

融合载体模块是推进农业"新六产"有效融合发展的承载平台，是各类新型业态体现现代农业特质的综合性服务基地。模块由4部分组成，一是具有产业深度融合功能的田园综合体，其是集循环农业、创意农业、农事体验于一体的现代农业基地；二是具有融合功能的特色小镇与美丽乡村，其在促进农村产业融合方式、建立稳固的利益联结机制、提供产业服务等方面具有优势；三是起步较早、前期资金投入丰富的各类农业示范园，依托成熟的基础配置，助力农业"新六产"发展；四是伴随资金雄厚的非农企业进入农业领域的休闲地产，此类产业越发火热且潜力较大，发展内容囊括休闲住宅地产、旅游地产、运动和康体地产、养趣地产等，未来可能成为农业"新六产"的重要载体。

支撑保障模块为农业"新六产"的总体战略，提供了基础的保障体系，同时为其他3类模块的互动发展提供了必要支持方式。模块中分为4部分，服务与消费功能是资金流动的动力之源，"新六产"产业产生的消费品需要通过消费这一社会再生产过程完成最终环节，是劳动力在产业互动层中恢复功能的保障；农村电商的蓬勃发展，为具有特色与精深加工的农产品拓宽了销售渠道，连通了农产品源头与消费终端，是"初级农产品+精深农产品+冷链物流拓展"等产业融合模式的联动法则；人才培训指开展新型职业农民培育、农民职业技能提升培训，打造一支有活力的乡村企业领导队伍，为农业"新六产"发展提供重要劳动力与"三农"智囊；信息科技部分由信息支持与科技保障组成，信息支持功能需深入实施"互联网+现代农业"行动，将物联网、大数据、云计算、移动互联网等现代信息技术应用于农业"新六产"发展，科技保障需要依托健全的技术创新体系，如"政产学研金"五位体系等，同时要提高技术创新能力与农技推广建设，为不同模块之间提供科学的联动技术方案。

（二）发展模式层

发展模式层由产业链延伸模式、产业聚集发展模式等5种模式组成，本层次是产业联动基础上形成新型业态的动力与连接，也是对农业"新六产"

发展方式的概括与总结。产业融合过程的研究比较丰富，这一层次的设计理念主要参考了潘权富和董大朋（2018）和孙鸿雁（2017）等的研究成果，在此不展开分析。

### （三）新型业态层

"业态"源于20世纪60年代的日本，主要用来概括零售业和餐饮业的经营形态，广义而言，其包括消费者无法直接察觉的运营组织、所有制形式、经营形态和企业形态等，此理论研究在日本学界得到了长足的发展。农业新型业态借鉴了上述的内涵，主要涵盖了有别于传统农业的单一经济模式和产品，定义为第一产业和其他产业融合而不断推陈出新的农业新形态、产品、服务等，而新型业态的形成则是农业"新六产"战略的集中体现。理论层中，将新型业态分为加工终端型业态、物流终端型业态、体验型业态、循环型业态与智慧型业态。业态层中各类业态间存在联动与融合，有形成各类综合型业态的可能性。

## 四、层次递进关系

产业融合层以核心产业模块为内核与启动点，在其他3类模块的推动作用下实现产业之间联动与融合的内在功能，为新型业态的形成奠定了基础，通过发展模式层5类主要的模式推动形成新型业态的基础动能，随后形成由5类主要业态组成的新型业态层。农业"新六产"战略通过多层次架构的层内联动与层层推动，帮助基础的涉农产业具有产生新型业态的可能性，而农业"新六产"的研究核心就是形成具有创新功能与可操作性的新型业态，不同新型业态的形成过程各具特点，需要深入剖析其形成的具体路径。在乡村振兴战略的实施过程中，产业融合与产业振兴战略受到二元经济、技术壁垒、土地政策以及农业设施等诸多现实问题限制，而农业"新六产"的发展理念与新型业态的培育可以寻求突破点，为乡村振兴战略的实施提供助力。

# 第四章　农业规划中区域主导产业选择模型构建

理论模型是区域农业主导产业优选方法体系的核心，是开发辅助软件的基础保障，也是研究的灵魂所在。理论模型以主导产业优选原理为指导，结合农业规划的需求与农业主导产业优选方法，拟建立区域已有产业与区域引入产业两类模块，集成具有特色的指标体系与影响因素，依托德尔菲法和层次分析法等简易评价方法，设计开发较符合农业规划工作需求的区域主导产业优选方法。

## 第一节　理论模型设定

### 一、模型集成原则

优选方法的原则包括资源利用与环境影响原则、经济效益原则、社会效益原则和政策收益原则等，方法的原则与后文中指标体系、影响因素相对应，不进行赘述。框架中，数据分析依托指标体系，影响因素用于专家打分。

### 二、产业选择范围

被选择的产业根据规划任务而定，方法中将优选的产业模拟为"X产业"。选择范围包括水稻、小麦、中药材等农作物种植产业，蔬菜、水果等园艺作物产业，蛋鸡、肉鸡、生猪等畜牧产业，淡水鲤鱼、海产贝类等水产产业，面粉生产、牛奶加工等第二产业，农业休闲旅游、农业展会、农区养老等第三产业。

## 三、模型设计思路

根据主导产业优选理论与方法，集成产业评价指标体系与影响因素体系，结合层次分析法、德尔菲法等评价方法，以区域农业产业信息与预测数据为基础，构建符合农业规划需求且简单实用的区域农业主导优选理论方法，如图4-1所示。

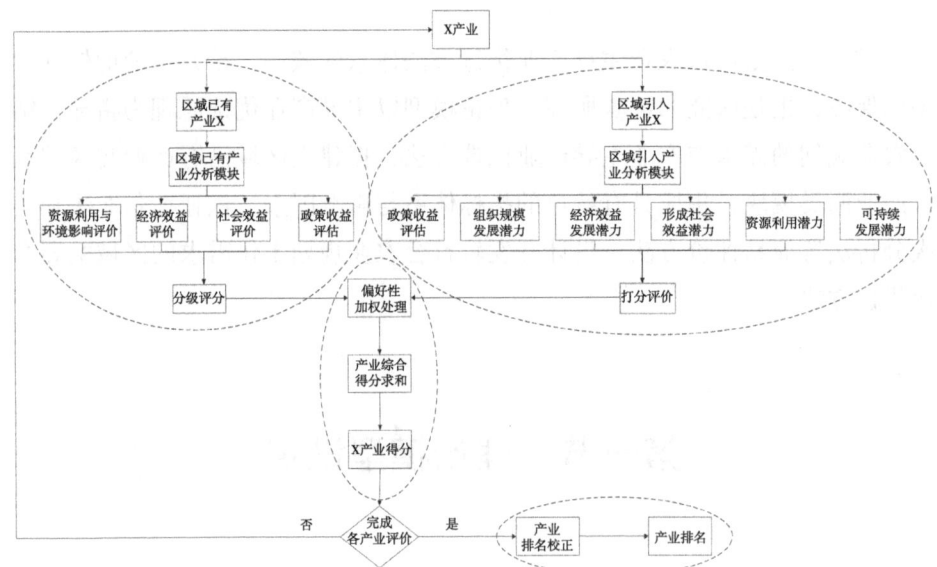

图4-1　区域农业主导产业优选方法表达

拟定的方法由区域已有产业优选模块、区域引入产业优选模块和综合评价模块、偏好加权处理与产业排名输出4个算法模块组成。

# 第二节　理论模型集成

## 一、已有产业优选模块

本模块是对区域内已有产业进行的分析，考虑到已有的农业产业在区域内经过长期培养发展已经拥有了自身规律和产业结构，选择了经济效益评价指标、社会效益指标、资源利用与环境影响评价3个一级指标，延伸9个二级指标对产业进行定量的层次分析,同时通过打分评价的方式对产业的政策收益进行判断。

本研究数据来源于中国农业统计年鉴(资料)、中国农村统计年鉴、区域性涉农年鉴、规划估算等,相同计算值使用统一单位。

## (一)经济效益评价算法

### 1. 产业产值比重指标

产业产值比重指标反映了选择进行评价的产业在整体产业结构运行的情况,其可以代表该产业在判断时期总体水平及规模。

$$产业产值比重 = \frac{产业年产值}{农业产业年产值总和}$$

### 2. 区位熵

经典的产业优选指标,其在产业发展研究中被广泛应用于区域农业研究中。

$$区位熵 = \frac{产业产值/区域农业产业总产值}{上一级区域内产业产值/上一级区域农业产业总产值}$$

### 3. 产业增长潜力指标

产业增长潜力指标是对未来产业发展的预测,从规划者需求出发分析产业未来发展的贡献率以及整体区域农业经济增长的潜力。

$$产业增长潜力 = \frac{规划期内产业增长额度}{同期内农业产业增长额度}$$

## (二)社会效益评价算法

### 1. 产业人均收入指标

通过指标直观地表达产业对农民个体收入的影响,农民作为区域农业的核心,其生活质量的保障与提高,很大程度上依赖于人均效益,而生活质量的提高也在一定程度上代表了产业对社会发展的贡献度。

$$产业人均收入 = \frac{产业年产值}{从业人数}$$

## 2. 就业吸纳潜力指标

贫困人口问题是"三农"问题的重中之重，设置就业吸纳能力指标即表明优选出来的主导产业在解决贫困人口这一社会问题的发展潜力，在此使用规划期结束后根据就业人口数量与该产业现有就业人口的关系来进行分析。

$$就业吸纳潜力 = \frac{规划期完成后产业就业人数}{当前产业从业人数}$$

## 3. 关联产业解决就业潜力指标

根据区域农业主导产业具有能带动、调整关联产业的能力，通过规划期结束后上下游产业解决就业人口数量的变化来表达所分析的农业主导产业在产业链中解决就业人口的潜力。

$$关联产业解决就业潜力 = \frac{\sum 规划期完成关联产业就业人数}{\sum 当前关联产业从业人数}$$

### （三）资源利用与环境影响评价算法

## 1. 单产能力指标（种植业与非种植业）

对种植业而言，单产能力反映了其土地生长能力和农业生产水平，代表了产业对当地土地资源的适应程度；对畜牧业、渔业而言则代表了单位面积上的经济效益。如果纵向比较所有产业则因产业类型差异巨大缺少科学性，所以此指标分为种植业与非种植业进行计算，再通过分级打分输出结果，达到合理的对比性。

$$单产能力（种植业） = \frac{产业（种植业）年产值}{产业（种植业）耕种面积}$$

$$单产能力（非种植业） = \frac{产业（非种植业）年产值}{产业（非种植业）占地面积}$$

## 2. 能源利用率指标

能源利用率代表了区域农业主导产业对于能源的利用效率与程度，拥有较高能源利用率的农业主导产业将对整个区域资源的合理利用与生态环境的保护带来正面影响,可持续地支持区域健康稳定发展,使得生态系统具有资源禀赋和环境容量。

$$能源利用率=\frac{产业年产值}{产业年生产成本}$$

3. 水资源利用率指标

水的合理、高效利用,对于区域的稳定发展特别是缺水区域的生态平衡具有重大的意义。选择水资源利用较高的产业,也能表现其具备一定节水技术或产业优势。

$$水资源利用率=\frac{产业年产值}{产业年水资源消耗}$$

## (四)政策收益评估算法

**列表设计原则**:保持政策选择的一致性、时效性、重要性与区域关联性。

**政策数据来源**:结合当下重要的农业政策为主导产业优选进行决策,政策列表填写主要参考"国务院""农业农村部""具体分析区域的政府单位"等发布的政策详情。

**数据计算**:评价分为政策与区域相关性、政策对于产业的影响两部分,分别对其进行0.1~0.3、0.1~1分值打分(打分取小数点后一位),得分越高正影响越强,见表4-1。

表4-1 政策分析模型打分

| 政策 | 产业1 | | | 产业2 | | | X产业 | | |
| --- | --- | --- | --- | --- | --- | --- | --- | --- | --- |
| | 区域相关性 0.1~0.3 | 政策重要性 0.1~1 | 政策得分A | 区域相关性 0.1~0.3 | 政策重要性 0.1~1 | 政策得分B | 区域相关性 0.1~0.3 | 政策重要性 0.1~1 | 政策得分C |
| 政策1 | — | — | — | — | — | — | — | — | — |
| 政策2 | — | — | — | — | — | — | — | — | — |
| … | | | | | | | | | |
| 政策N | — | — | — | — | — | — | — | — | — |
| 总得分 | | | — | | | — | | | — |

X产业政策收益总分：$r_{政}=\sum_{i=0}^{N}$（区域相关性$_i$×政策重要性$_i$），$r_{政}\in$（0，N），$r_{政}$值四舍五入保留一位。

## （五）分级评分

9个二级指标进行分级评分，根据所有产业对同一指标计算的最大值与最小值，将其分为5个等级，再对每项计算数值根据等级进行赋值1~5分，获得产业单项指标分数，此方法目的是进行无量纲操作，消除指标单位；如指标数据不全，可以直接对其进行分级评分。

$$y_{ij}=f(x_{ij})\begin{cases} 1, x_{ij}\in\left[\min x_i, \min x_i+\frac{1(\max x_i-\min x_i)}{5}\right] \\ 2, x_{ij}\in\left[\min x_i+\frac{1(\max x_i-\min x_i)}{5}, \min x_i+\frac{2(\max x_i-\min x_i)}{5}\right] \\ 3, x_{ij}\in\left[\min x_i+\frac{2(\max x_i-\min x_i)}{5}, \min x_i+\frac{3(\max x_i-\min x_i)}{5}\right] \\ 4, x_{ij}\in\left[\min x_i+\frac{3(\max x_i-\min x_i)}{5}, \min x_i+\frac{4(\max x_i-\min x_i)}{5}\right] \\ 5, x_{ij}\in\left[\min x_i+\frac{4(\max x_i-\min x_i)}{5}, \max x_i\right] \end{cases}$$

式中，$x_{ij}$表示第$j$个产业的第$i$个指标的原始数值，$y_{ij}$表示第$j$个产业的第$i$个指标的分级评分。

每项一级指标得分为：

经济效益评价分数，$r$（1，2，3）=$y_{1j}+y_{2j}+y_{3j}$。

社会效益评价分数，$r$（4，5，6）=$y_{4j}+y_{5j}+y_{6j}$。

资源利用与环境影响评价分数，$r$（7，8，9）=$y_{7j}+y_{8j}+y_{9j}$。

政策评分参考政策收益评估算法。

如产业数据不全可以进行无数据打分（1~5），详细步骤在第五章第四节区域已有产业优选模块分析中。

## 二、引入产业优选模块

尝试性的引入新兴产业是农业规划研究中具有创造力的探索,成功引入主导产业将为农业发展注入强心剂,成为实现区域农业现代化的突破口。

如表4-2所示,参考成熟的产业评分方法,结合农业规划选择农业主导产业的特点,设计了6个影响因素,每个影响因素内设置了3个子因素。各因素总分=∑子因素,每项子因素的得分$r'$为1~5分(关于$r$值算法在第五章第四节区域已有产业优选模块详细阐述),影响因素最高得分95分。政策收益评估算法与得分参考已有产业优选模块。

表4-2 区域引入产业影响因素评价

| 影响因素 | 子因素 | 评价方式(1~5分,取整) | 得分 | 总分 |
| --- | --- | --- | --- | --- |
| 农业主导产业组织规模发展潜力 | 形成农业产业化龙头企业的潜力 | 根据X产业在规划区域内形成龙头企业数量、龙头企业规模、龙头企业产值的潜力,从弱到强进行打分。 | — | |
| | 带动上下游产业的能力 | 根据X产业调整产业结构的能力,带动上游产业与下游产业增值的能力,改善第二产业、第三产业效益的能力,从弱到强进行打分。 | — | — |
| | 拓展潜力市场的能力 | 根据引入的X产业竞争力强弱,满足客户对农产品的需求能力,融入新型营销理念的能力,承受市场风险的能力,从弱到强进行打分。 | — | |
| 农业主导产业经济效益发展潜力 | 规划初期产业腾飞能力 | 根据引入X产业的初期收效的带动性对于整个区域的影响,从弱到强进行打分。 | — | |
| | 产业投入与产出潜力 | X产业投入越少而产出越高,证明该产业具有形成主导产业的潜力,根据比值从弱到强进行打分。 | — | — |
| | 产业产值增长率 | 产业逐年经济增长能力体现了其生产的发展速度、技术进步等情况,根据产业产值增长率从弱到强进行打分。 | — | |
| 农业主导产业形成社会效益潜力 | 规划初期解决就业的能力 | 很多区域存在的社会问题集中于贫困人口难就业,短期内通过引入的X产业解决此困境将体现该产业的主导价值,从弱到强进行打分。 | — | — |
| | 产业解决农民收入的能力 | 从农民个体出发,引入的X产业在吸引就业的同时,带领个体农户创收,将对整个区域农业发展具有从点到线到面的带动能力,从弱到强进行打分。 | — | |

(续表)

| 影响因素 | 子因素 | 评价方式（1~5分，取整） | 得分 | 总分 |
|---|---|---|---|---|
| 农业主导产业形成社会效益潜力 | 产业对于新农村建设提供支持的能力 | 新农村建设的成果是很多农业规划成果的具体、直观的表现，根据引入X产业对新农村基础设施、供能、清洁等方面的帮扶能力，从弱到强进行打分。 | — | — |
| 农业主导产业资源利用潜力 | 产业每亩土地的单产能力 | 单产能力标志着土地的利用能力，也影响着产业的总产能力，从弱到强进行打分。 | — | |
| | 产业每亩土地的创利能力 | 创利能力是在土地利用的基础上，根据初产品的价格进行判断，从低到高进行打分。 | — | |
| | 产业对于单位水资源综合利用的能力 | 水资源是制约大部分农业产业发展的重要资源，根据单位水资源的利用能力，从弱到强进行打分。 | — | |
| | 区域其他资源条件的适应能力 | 引入的X产业，是否适应区域内的温度条件、湿度条件、土壤条件、地貌条件决定了产业是否可以在此立足，并长期发展，根据适应能力的强弱进行打分。 | — | |
| 农业主导产业可持续发展潜力 | 产业耗能转化效率 | 单位能源的消耗下，引入的X产业产值越高，证明该产业对于能源节约能力越强，符合可持续发展的要求，根据比值从小到大进行打分。 | — | |
| | 产业效益与三废排放量的比值 | 三废排放对于环境破坏的影响最为直接，所以在规划中选择三废排放量较小且产值较高的农业主导产业尤为重要，根据两者比例从小到大进行打分。 | — | — |
| | 产业对于新理念与新技术的吸收转化能力 | 新理念和新技术本身具有环保性、节能性和可持续性，引入的X产业对新理念与新技术的吸纳能力越强，其在近期的表现可能体现于效益，但长期的影响体现于可持续性，从弱到强进行打分。 | — | |

## 三、偏好加权处理

针对已有产业4个一级指标与引入产业的6个影响因素结果进行数据处理（表4-3、表4-4），根据刘红梅等（2007）研究运用的层次分析法，例如当甲、乙比较时，如果甲比乙不重要，记0；如果甲比乙同样重要，记

0.5；如果甲比乙重要，记1。在更多指标间比较时，甲可能比丙更重要，比丁更重要等等，也一律记1，因素间重要性比较结果为$w_{ij}$。

基于因素之间重要性比较，构建矩阵$W$，即$W$：

$$W = \begin{bmatrix} w_{11} & w_{12} & \cdots & w_{1j} \\ w_{21} & w_{22} & \cdots & w_{2j} \\ \vdots & \vdots & \ddots & \vdots \\ w_{i1} & w_{i2} & \cdots & w_{ij} \end{bmatrix}$$

式中，$w_{ij}$表示因素间重要性比较结果，$i=1, 2, 3, \cdots, n$；$j=1, 2, 3, \cdots, m$。则权重$F_1 = \dfrac{\sum_{i=1}^{m} w_{ij}}{\sum w_{ij}}$，同理可得出$F_2$至$F_j$的重要性值。

**表4-3　指标加权与偏好**

| 因素 | 政策收益评估 | 经济效益评价 | 社会效益评价 | 资源利用与环境影响评价 | 权重$F$ |
|---|---|---|---|---|---|
| 政策收益评估 | — | — | — | — | — |
| 经济效益评价 | — | — | — | — | — |
| 社会效益评价 | — | — | — | — | — |
| 资源利用与环境影响评价 | — | — | — | — | — |

**表4-4　影响因素加权与偏好**

| 因素 | 政策收益 | 组织规模 | 经济效益 | 社会效益 | 资源利用 | 可持续发展 | 权重$F$ |
|---|---|---|---|---|---|---|---|
| 政策收益 | — | — | — | — | — | — | — |
| 组织规模 | — | — | — | — | — | — | — |
| 经济效益 | — | — | — | — | — | — | — |
| 社会效益 | — | — | — | — | — | — | — |
| 资源利用 | — | — | — | — | — | — | — |
| 可持续发展 | — | — | — | — | — | — | — |

## 四、产业排名输出

### （一）综合得分

设有 $i$ 个因素或指标（分为已有产业与引入产业），有 $j$ 个农业产业，则所有评价结果构成了矩阵 $R$。即：

$$R = \begin{bmatrix} r_{11} & r_{12} & \cdots & r_{1j} \\ r_{21} & r_{22} & \cdots & r_{2j} \\ \vdots & \vdots & \ddots & \vdots \\ r_{i1} & r_{i2} & \cdots & r_{ij} \end{bmatrix}$$

式中，$r_{ij}$ 为具体评价的结果，$i=1, 2, \cdots, n$；$j=1, 2, \cdots, m$。

区域已有产业综合得分：$P_j = \sum (F_i \times r_{ij})$

区域引入产业综合得分：$P'_j = \sum (F'_i \times r'_{ij})$

式中，$P_j$ 为进行优选分析的区域已有 $j$ 产业的综合得分，$P'_j$ 为进行优选分析的区域引入 $j$ 产业的综合得分，$F_i$ 为 $i$ 指标的权重，$F'_i$ 为 $i$ 影响因素的权重。此处可以获得两类产业排名，可以满足部分规划分析需求。

### （二）排名校正

将已有产业通过模拟导入的方式在引入产业模型中进行模拟打分，获得一个新的分数，将该得分与原分数作比获得百分比，成为一个系数。通过上述方式将已有产业中得分最高、得分中值、得分最低的3个产业同时模拟导入获得的3个系数，再得到其系数均值，为校正系数。将引入产业与已有产业的得分进行百分化处理（已有产业总分：$N_{已有}$；引入产业总分：$N_{引入}$），区域引入产业百分化结果与系数相乘得到校正后的总分，与区域已有的各产业的总分进行比较获得区域农业产业最终排名。

$N_{已有} = 15 (F_1 + F_2 + F_3) + r_{政} F_{政}$　　$N_{引入} = 15 (F'_1 + F'_2 + \cdots + F'_5) + r'_{政} F'_{政}$

计算方法：区域已有产业评价各产业综合得分中，设综合得分最多的产业得分为 $P_{max}$，综合得分居中的产业得分为 $P_{(max-min)}/2$，综合得分最少的产业得分为 $P_{min}$，将上述3个已有产业拟导入区域引入产业评价模型（表4-5）

进行打分,将得到新的分数为:$P'_{max}$、$P'_{(max-min)}/2$、$P'_{min}$($P$、$P'$为产业综合得分)。

区域产业校正系数为:

$$K=\frac{\left[\dfrac{\dfrac{P_{max}}{N_{已有}}}{\dfrac{P'_{max}}{N_{引入}}}+\dfrac{\dfrac{P_{(max-min)}/2}{N_{已有}}}{\dfrac{P'_{(max-min)}/2}{N_{引入}}}+\dfrac{\dfrac{P_{min}}{N_{已有}}}{\dfrac{P'_{min}}{N_{引入}}}\right]}{3}$$

所有产业得分($P_j$、$P'_j$)分别与对应的产业综合总分作比较,得到产业综合得分比例(%),其中引入产业的比值再与系数$K$,获得校正产业综合得分$Y'$,算数表达如下:

区域引入产业校正:$Y'_j=K\times P'_j/N_{引入}$,$Y'$为校正后的区域引入产业所占比例。

区域已有产业所占比例:$Y_j=P_j/N_{已有}$

比较$Y$与$Y'$的结果,获得区域农业主导产业排名,见表4-5。

表4-5 区域农业主导产业排名

| | 引入产业综合得分 | 已有产业综合得分 | 产业综合得分比例 | 校正产业综合得分比例 | 主导产业排名 |
|---|---|---|---|---|---|
| 产业1 | — | — | — | — | — |
| 产业2 | — | — | — | — | — |
| 产业3 | — | — | — | — | — |
| 产业4 | — | — | — | — | — |
| 产业5 | — | — | — | — | — |
| 产业6 | — | — | — | — | — |
| … | — | — | — | — | — |
| 产业X | — | — | — | — | — |

# 第三节 理论模型的算数逻辑

从产业输入本模型到产业排名输出，使用了指标计算、专家评价打分、分级打分、层次分析以及算数求和等算数处理方法，为了更清晰地表达产业分析的算数处理的逻辑过程，参考图4-2。

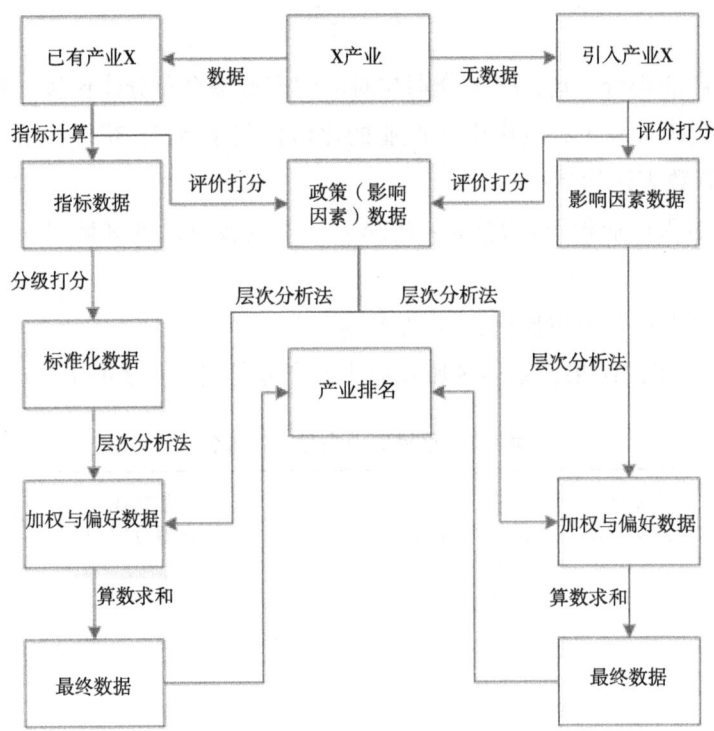

图4-2 算数逻辑表达

# 第五章　农业规划中区域主导产业选择软件设计

为了适应农业现代化的高速发展建设，周灿芳等（2007）认为传统的规划方法无法满足农业规划高质量、高标准发展，亟须大力研发农业规划区内主导产业优选方法，提供农业规划手段与技术的突破。本研究运用计算机软件来辅助农业规划，提高其使用的便捷性、高效性和实用性。

本章以第三章的理论模型为基础，通过流程图制作法搭建较完善的逻辑框架，建立连接理论模型与软件制作之间的架构，再运用C++等工具软件生成规划辅助软件。由于掌握的知识技术有限，本章的内容与软件工程师联合写作。

## 第一节　流程图设计与软件制作基础

### 一、流程图制作法

流程图是使用图形表达算法思路的一种常用的方式，它包含很多种表达方式，通过将多种不同含义的结点和边框进行连接来直观地表达程序中操作顺序和流程，简而言之就是一种逻辑思想的图形可视化。本文将应用到的是自上而下、逐步求精的设计方法与具有开始/结束的控制结构。

### 二、功能符号

流程图中主要使用的功能符号如图5-1所示。

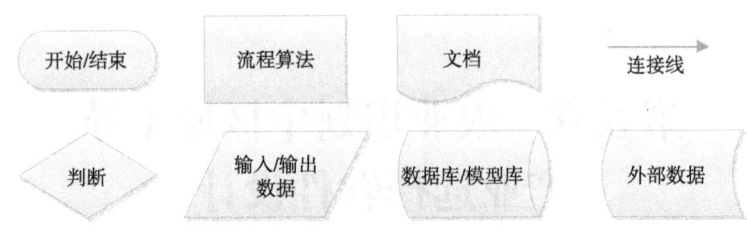

**图5-1 流程图功能符号**

开始/结束：一般表示流程运行的起始和终结，从外部环境流入或流出到外部环境。

流程算法：流程图在运作时，表示程序中各个具体流程正在处理数据的模型或算法，代表了流程图的处理功能。

文档：流程图在进行分析时需要应用或生成的文档文件，常用word、excel文件表达。

连接线：此符号表示流程图运转的方向，也是逻辑思维的走向，建立起不同符号的功能串联。

判断：菱形的结点表示条件判断的流程走向，该功能符号具有两个或多个可选择的出口，在流程中有且仅有一个走向被激活。

输入/输出数据：在开始流程图之后需要输入数据或相关信息激活流程图运行，在运算或结束之前需要输出数据结果或评价结果。

数据库/模型库：流程图可以作为逻辑算法的表达，其中隐含的数据、算法、模型都需要储存在数据库或模型库中进行储存，在不同层面上帮助流程图运作。

外部数据：为了增强流程图表达广度，开发者需要根据使用者的需要进行开放性处理，在流程中增加外部数据的输入就是其中一种显示方式。

## 三、软件生成基础

软件生成部分为工程师制作，依靠的基础设计软件仅进行简单表述。

Visual Studio：Microsoft Visual Studio（简称VS）是美国微软公司的开发工具包系列产品，目前最流行的Windows平台应用程序的集成开发环境。

SQLite数据库：SQLite是D.Richard Hipp建立的公有领域项目，是一款轻型的数据库，是遵守ACID的关系型数据库管理系统，它包含在一个相对小的C库中。

## 第二节 总体设计

### 一、设计思路

根据主导产业优选原理、方法与农业规划的需求，结合指标设计、层次分析和专家打分等模型设计知识，以区域农业产业信息为基础，设计一套适用于农业规划需求的区域农业主导产业优选理论方法。模型中灵活地设计了开放性的指标选择，制作了如规划期完成产值的指标数据，同时为了评价引入产业是否具有主导的可能性，设计了分析引入产业的打分模型，为农业规划者解决在实操中任务重、时间紧、搜集数据困难以及实地调研不完整等问题提供方法帮助。

本模型中将数据库、模型库和外来数据模板、指标设计以及人工决策等进行了集成，形成了一个决策支持系统，利用输入的产业信息、区域资源条件和经济数据等，输出分析结果评价以及产业排名情况等。

本模型通过流程图进行完整的逻辑表达为设计辅助软件奠定基础，辅助软件可以更好地为规划者服务。

### 二、设计原则

#### （一）公平性原则

分析区域内不同农业产业，要保证每个产业分析的基准相同，拥有相同的评价范围。由于数据存在不完整、不准确、无时效性等问题，模型设计中引入了无数据打分模型等处理方式，使得不同产业的比较更加具有科学意义。

#### （二）合理性原则

模型中的子模型使用成熟的指标评价方法，设计的影响因素将使用专家打分法等评价方式，将指标评价与影响因素评价合理地结合成一个整体，使模型可以充分地分析各产业因素之间的内在联系。

### （三）切实性原则

本模型主要为农业规划者服务，其中尽力考虑规划者任务重、时间紧、搜集数据无时效、实地调研不完整等困难，设计打分模型代替指标算法的方式进行评价。同时由于规划的需求需要引入新的农业主导产业，模型中也加入了对于此类产业的评价方式。

### （四）开放性原则

由于区域特点不同，其农业主导产业优选的方式也将充分考虑本地的各类要素禀赋，所以本模型中涉及的指标、政策条件、影响因素可以根据需求自行调整，并可以根据专家的改进意见不断完善的。

## 三、组成模块

### （一）数据库

数据库包含两部分，一部分指输入数据，主要是区域已有产业的数据整理，根据实证分析的不同需求不断进行完善和改进。另一部分指的是输出数据，存档进入数据库，如产业排名表、权重与分数表、政策分析表等。

### （二）模型库

模型库包含两部分，即区域已有产业模型库和区域引入产业模型库。前者主要指分析区域内已有产业，其中包括分级打分模型、无数据打分模型、区域农业主导产业指标加权模型等，后者主要对引入区域的新型产业进行优选，其中包括政策分析模型、区域引入农业主导产业评价模型等。

### （三）流程图

流程图是模型逻辑的直观表达，是一个运行的具有算法决策能力的框架结构，也是本模型的表达重点与特点，分为总体流程图、经济系统流程图、资源系统流程图、政策系统流程图与社会系统流程图5类。

## 四、总体流程图

如图5-2所示，根据流程图制作原理，建立理论方法逻辑构架，总图中由输入产业处理模块、区域已有产业优选模块、区域引入产业优选模块、偏好加权处理模块以及产业排名输出模块5组架构合成。

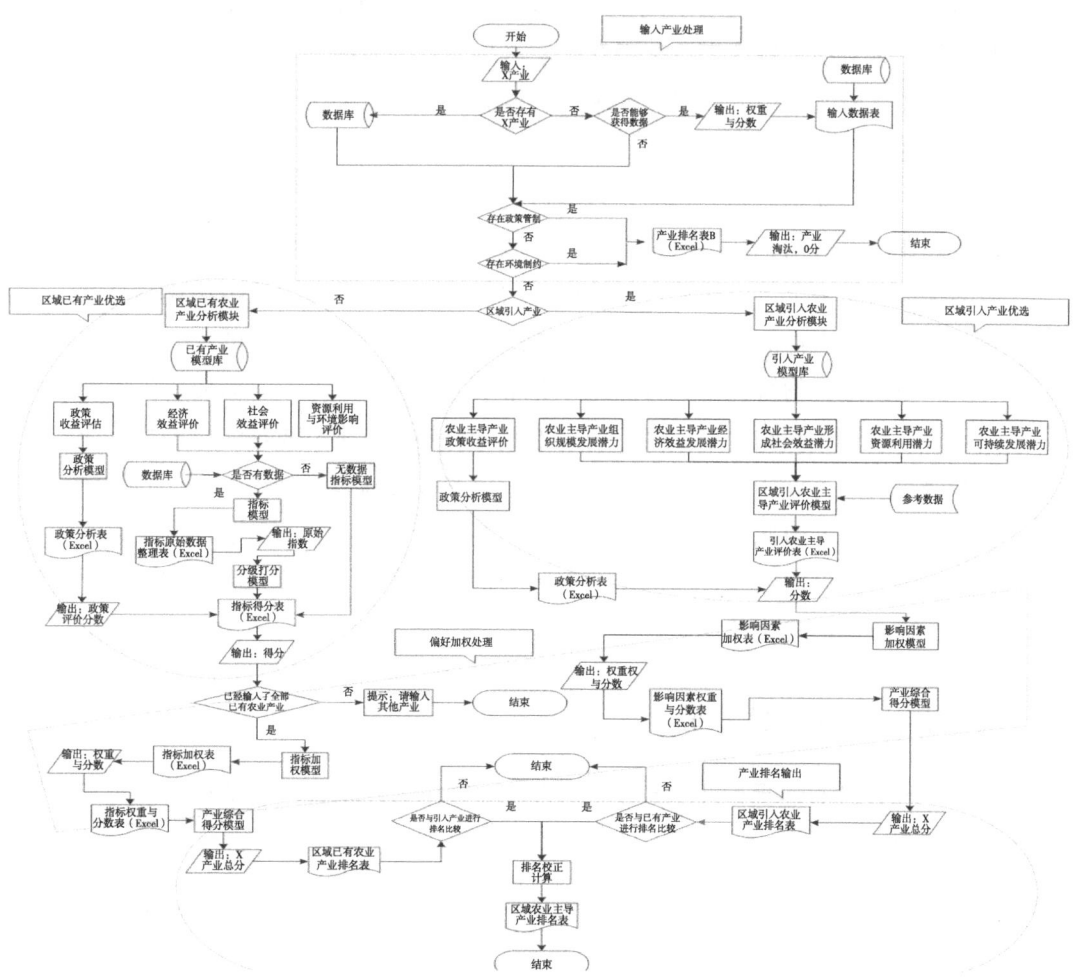

图5-2　区域农业主导产业优选理论方法总体流程

## 第三节　输入产业处理模块

### 一、模块介绍

输入产业处理指流程图从开始运行至分析区域引入产业与区域已有产业之前的过程。当开始使用本模型时需要手动输入要分析的产业名称，如X产业，模型会自动了解该产业是否存在于已有的数据库中，如果不存在则提示添加产业分析所应用的数据，如果该产业为引入产业那么则需要在下一模块中进行处理。

对产业需要从原则上判断是否值得进行产业分析。首先，需要考虑产业是否存在政策管制，如引入罂粟产业。从经济角度来看，该产业具有很多发展的优势，是一个可以扶持为主导产业的作物类别，但由于我国法律明令禁止不得生产此类毒品原料，所以就要排除此类产业进入下一步的产业分析。其次，我国地大物博，区域特点差距非常大，所以引入产业时需要优先判断其是否存在环境制约。如在西藏中心地区养殖奶牛，则需要排除奶牛之王荷斯坦奶牛，因为该奶牛无法适应高海拔造成的氧气稀薄等制约条件，如果使用高标准室内养殖此品种奶牛，则缺少了其成为主导产业的可能，也失去了研究价值。所以本模型在输入产业进行分析之初敲定了以政策制约和环境制约为产业分析的先决条件。

### 二、生成软件界面

生成软件欢迎界面（图5-3），为软件操作的开始端，包括进入应用与退出应用。

图5-3　软件欢迎界面

# 第四节　区域已有产业优选模块

## 一、模块介绍

本模块是对区域内已有产业进行的分析，考虑到已有的农业产业在本区域内经过长期发展已经拥有了自身的发展规律和产业地位，所以需要根据已有的数据信息进行符合尺度的分析。本模块中选择了经济效益评价、社会效益评价和资源利用与环境影响评价3个一级指标，在此基础上延伸出9个二级指标对产业进行定量分析，指标中考虑到规划的需求，设置了如产业增长潜力指标，该指标需要根据规划期完成产业产值情况进行数值预测。

除以上3类指标外，加入了政策分析模型，充分考虑政策需求进行评价打分；同时考虑到规划中无法获得有效的数据，特别设计了无数据指标模型，让不同产业比较时更加合理。此外，为了更好地结合指标与政策分析打分的结果，设计了对指标结果分级打分模型，对结果进行了归一化处理，使产业每项评价基础分数在0～15分，其后进行加权处理与偏好性分析。

## 二、已有产业分析流程图

为了让流程图表达更加清晰完整，分别制作了两张子流程图，其一（图5-4）表示经济效益评价指标和资源利用与环境影响评价指标流程图，其二（图5-5）表示政策收益评价指标和社会效益评价指标流程图。

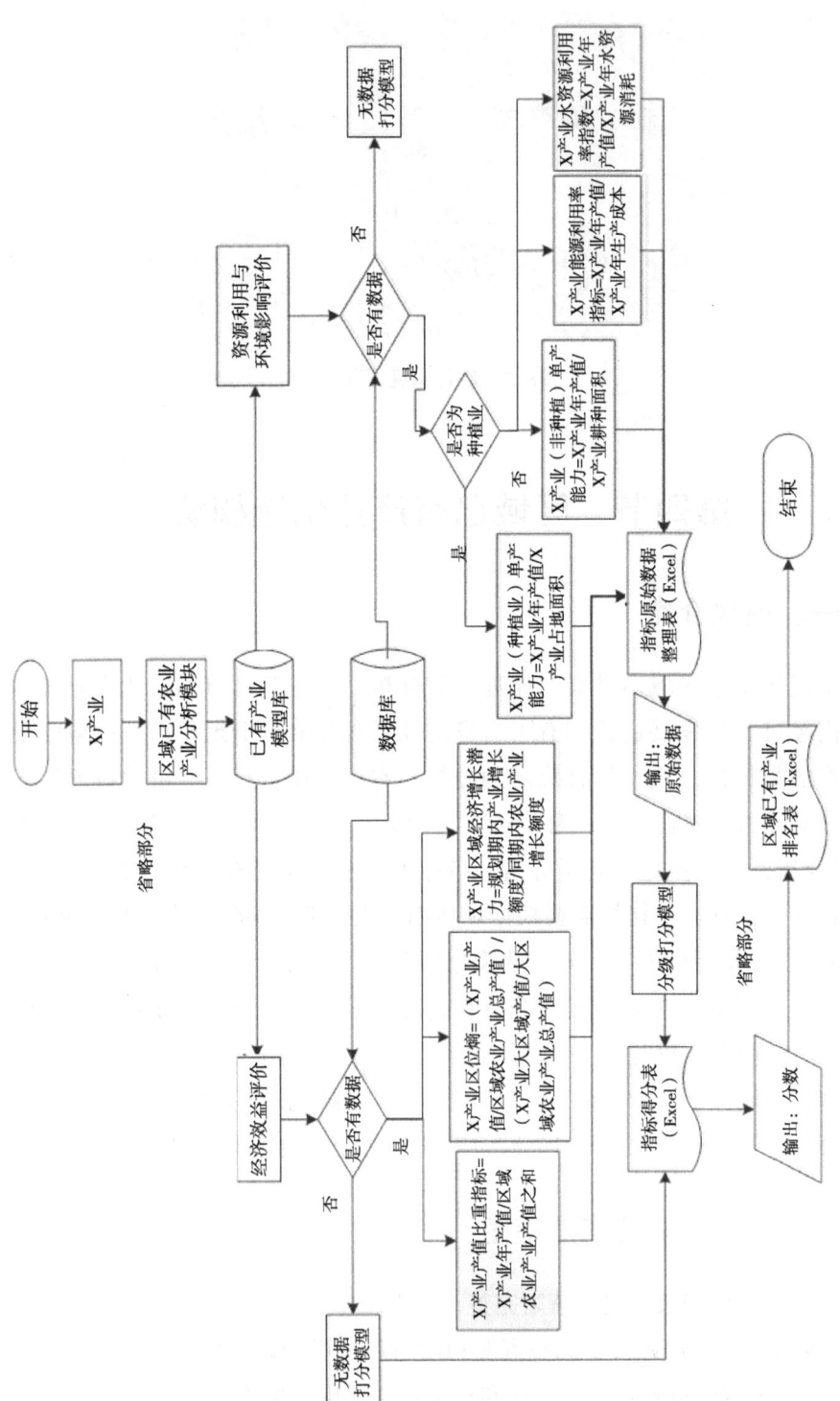

图5-4 经济指标和资源利用与环境影响指标流程

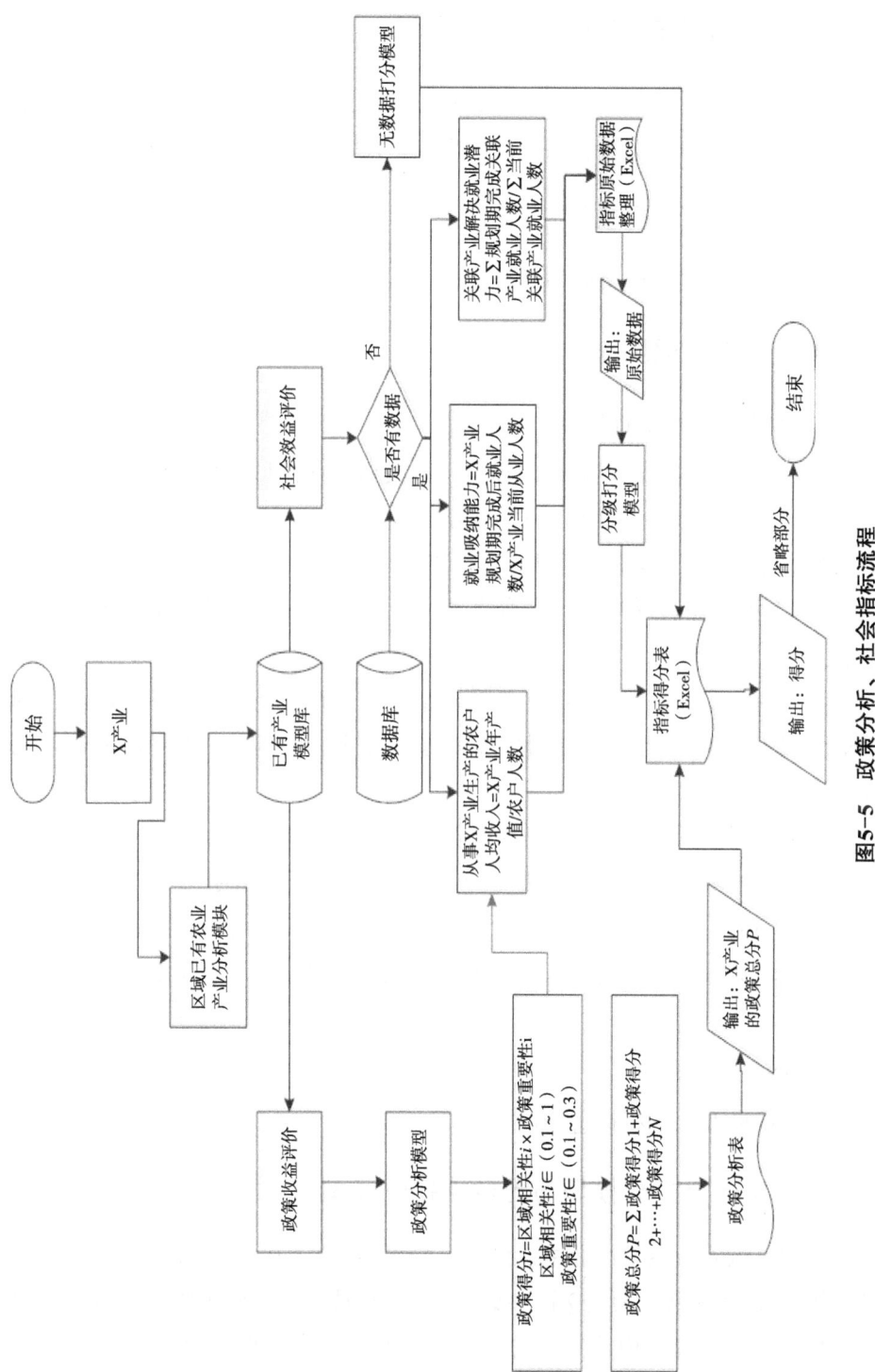

图5-5 政策分析、社会指标流程

## 三、区域已有产业模型库

区域已有产业模型库指对区域已有产业进行优选时使用的模型,其中包括3组模型,分别为政策分析模型、指标模型、分级打分模型与无数据打分模型。

### (一)政策分析模型

参考第四章关于政策收益的计算。

### (二)指标模型

1. 模型指标选择的标准

通过对区域主导产业概念的界定,以及对农业区域规划中优选区域农业主导产业需求的分析,结合经典主导产业优选理论的理解,本研究选择的3个一级指标及9个二级指标遵循以下标准。

(1)指标能够反映区域农业主导产业的比较优势,并展示其未来发展的潜力。

(2)指标选择出来的农业主导产业应该具有较强关联上下游产业、调整整个农业产业结构的能力或潜力,这就要求其本身应该占有核心的产业地位与较强的增长性。

(3)指标应该能体现出优选产业带动群众就业、致富和发展的能力或潜力,解决贫困人口问题,并提高产业自身与农户个体的技术附加值。

(4)指标选择出来的农业主导产业应该具有较强的可持续性,能够充分利用区域资源禀赋,适合区域内的内在气候环境,并维护生态环境的相对稳定平衡。

2. 指标模型选取

参考第四章关于指标选择的内容。

### (三)分级打分模型与无数据打分模型

优选区域农业主导产业中,因为区域已经存在的产业存在数据,引入了经济效益等3个一级指标与9个二级指标进行优选,但是政策收益很难直接进行定量分析,所以采用了打分的方式进行评价。为了使4个指标(政策、经济、社会、资源利用与环境)优选结果更具有公平性、科学性,需要对计算产生的9个二级指标进行归一化处理。

无数据打分模型是考虑到由于一些产业存在信息缺失,无法完全通过算术计算的方法获得结果,需要规划者在其他产业相应指标打分的基础上进行打分处理,因此在分级打分模型中进行说明,如表5-1所示。

表5-1 分级打分模型

| 一级指标 | 二级指标 | X产业的原始数据 | X产业数据归一化后的分数 | 各个一级指标的总分 |
|---|---|---|---|---|
| 经济效益评价 | 产业产值比重 | | | |
| | 区位熵 | | | |
| | 产业增长潜力 | | | |
| 社会效益评价 | 产业人均收入 | | | |
| | 就业吸纳潜力 | | | |
| | 关联产业解决就业潜力 | | | |
| 资源利用与环境影响评价 | 单产能力 | | | |
| | 能源利用率 | | | |
| | 水资源利用率 | | | |

如表5-2所示,在产业某项指标无法计算的时候,参考其他产业相同指标,由规划者自行打分,保证了产业指标的完整性与对比价值。

表5-2 无数据打分

| 一级指标 | 二级指标 | 是否有X产业的原始数据 | 对X产业相应二级指标进行打分 | 各个一级指标的总分 | 备注 |
|---|---|---|---|---|---|
| 经济效益评价 | 产业产值比重 | | | | |
| | 区位熵 | | | | |
| | 产业增长潜力 | | | | |
| 社会效益评价 | 产业人均收入 | | | | 仅对无数据的二级指标进行打分,其他指标根据归一化打分来判定 |
| | 就业吸纳潜力 | | | | |
| | 关联产业解决就业潜力 | | | | |
| 资源利用与环境影响评价 | 单产能力 | | | | |
| | 能源利用率 | | | | |
| | 水资源利用率 | | | | |

## 四、已有产业数据库样板

### （一）输入数据

指为了3个一级指标和9个二级指标进行数学运算时所依靠的数据源，该数据搜集于区域内各类农业产业，应具有时效性和真实性，另包括预测数据（表5-3）。

表5-3 输入数据

| | 区域最新数据 | | | | | | 规划预测数据 | |
|---|---|---|---|---|---|---|---|---|
| | 年产值 | 上级区域产值 | 从业人数 | 使用面积 | 年生产成本 | 年耗水 | 产值目标 | 就业目标 |
| 产业1 | | | | | | | | |
| 产业2 | | | | | | | | |
| 产业3 | | | | | | | | |
| … | | | | | | | | |
| 产业J | | | | | | | | |
| 总计 | 年农业总产值 | | 上一级区域年农业总产值 | | | | 规划期农业产值目标 | |

### （二）政策分析表

参考第四章政策收益评估计算，在此不进行赘述。

### （三）指标原始数据表

如表5-4所示，该表目的是观察指标原始结果是否正确，为分级打分模型进行分数归一化而服务。

表5-4 指标原始数据

| 经济效益评价 | | | 社会效益评价 | | | 资源利用与环境影响评价 | | | |
|---|---|---|---|---|---|---|---|---|---|
| 产业产值比重 | 区位熵 | 产业增长潜力 | 产业人均收入 | 就业吸纳潜力 | 关联产业解决就业潜力 | 单产能力种植业 | 单产能力非种植业 | 能源利用率 | 水资源利用率 |
| 产业1 | | | | | | | | | |

（续表）

| | 经济效益评价 | | | 社会效益评价 | | | 资源利用与环境影响评价 | | | |
|---|---|---|---|---|---|---|---|---|---|---|
| | 产业产值比重 | 区位熵 | 产业增长潜力 | 产业人均收入 | 就业吸纳潜力 | 关联产业解决就业潜力 | 单产能力种植业 | 单产能力非种植业 | 能源利用率 | 水资源利用率 |
| 产业2 | | | | | | | | | | |
| 产业3 | | | | | | | | | | |
| … | | | | | | | | | | |
| 产业J | | | | | | | | | | |

## （四）指标得分表

表5-5是区域已有农业产业优选过程中该模块输出的打分结果，是研究其排名情况的基础表。

表5-5 指标得分

| 政策收益评价 | 经济效益评价 | | | | 社会效益评价 | | | | 资源利用与环境影响评价 | | | | |
|---|---|---|---|---|---|---|---|---|---|---|---|---|---|
| | 产业产值比重 | 区位熵 | 产业增长潜力 | 算数求和 | 产业人均收入 | 就业吸纳潜力 | 关联产业解决就业潜力 | 算数求和 | 单产能力种植业 | 单产能力非种植业 | 能源利用率 | 水资源利用率 | 算数求和 |
| 产业1 | | | | | | | | | | | | | |
| 产业2 | | | | | | | | | | | | | |
| 产业3 | | | | | | | | | | | | | |
| … | | | | | | | | | | | | | |
| 产业J | | | | | | | | | | | | | |

## 五、生成软件界面

### （一）已有产业基本信息提交单

如图5-6所示，在进行已有产业主导性研究时输入相关的产业信息。

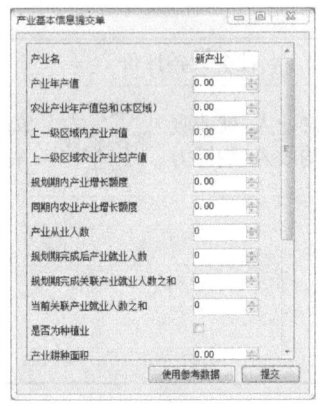

图5-6 已有产业基本信息界面

## （二）区域已有产业运算界面

软件根据数据对区域已有产业进行自动运算，计算各类二级指标无量纲结果与一级指标分级评分结果，如图5-7所示。

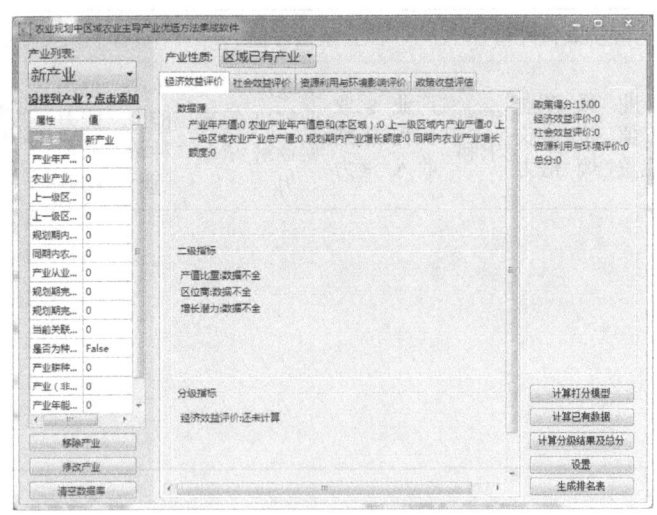

图5-7 区域已有产业运算界面

## （三）区域已有产业无数据打分界面

如图5-8所示，在规划中考虑到一些产业的原始数据存在获取的困难，可以将无数据指标切换至本界面，再进行主观的指标评估，所以无论已有产业数据是否完整，都可以通过本软件较流畅地完成产业主导性的评价。

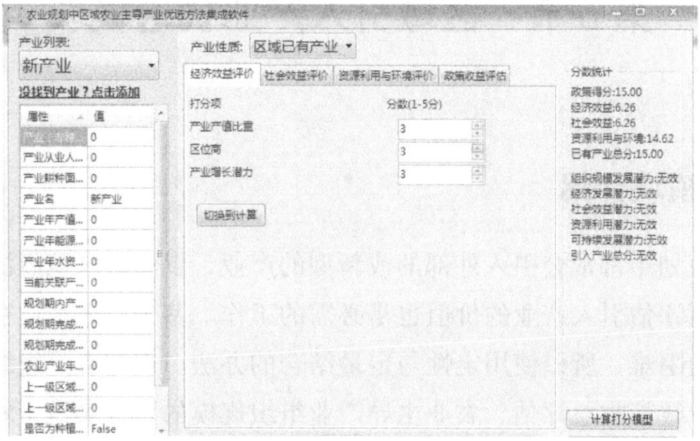

**图5-8 区域已有产业无数据打分界面**

## （四）政策收益评估界面

如图5-9所示，参考第四章中政策收益评估方法部分与本章节逻辑流程图，制作了本界面，达到政策指标评价量化处理的目的，界面中出现的政策名称为参考内容。

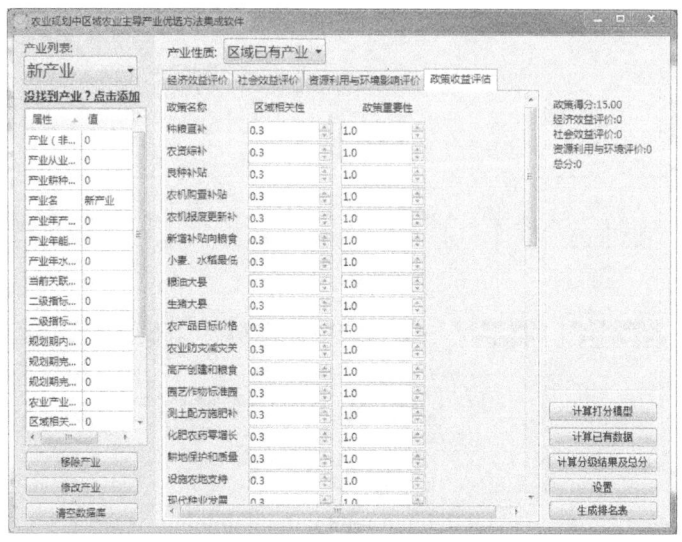

**图5-9 政策收益评估界面**

# 第五节　区域引入产业优选模块

## 一、模块介绍

农业规划中常常会引入外部的或新型的产业，以激活区域经济，优化产业结构，而评估引入产业的价值也是必需的工作。鉴于引入产业在系统数据获取方面的困难，所以使用定性与定量结合的办法。规划者可组织专家从农业主导产业政策收益评估、农业主导产业组织规模的发展潜力、农业主导产业经济发展潜力、农业主导产业形成社会效益的潜力、农业主导产业资源利用的潜力、农业主导产业可持续发展潜力6个影响因素进行打分处理。

## 二、引入产业分析流程图

如图5-10、图5-11所示，为了让流程图表达得更加清晰完整，分别制作了两张子流程图。

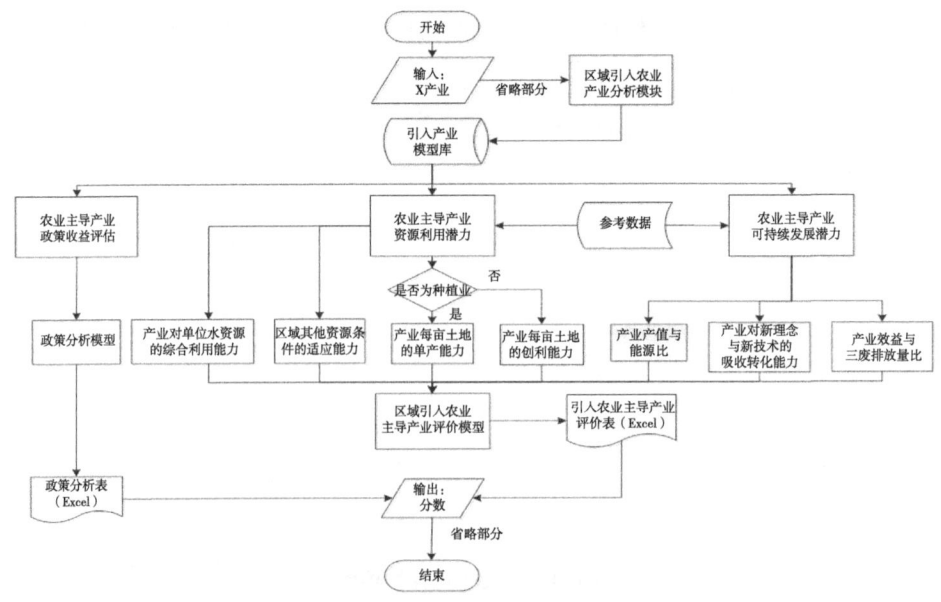

图5-10　农业主导产业政策收益评价等流程

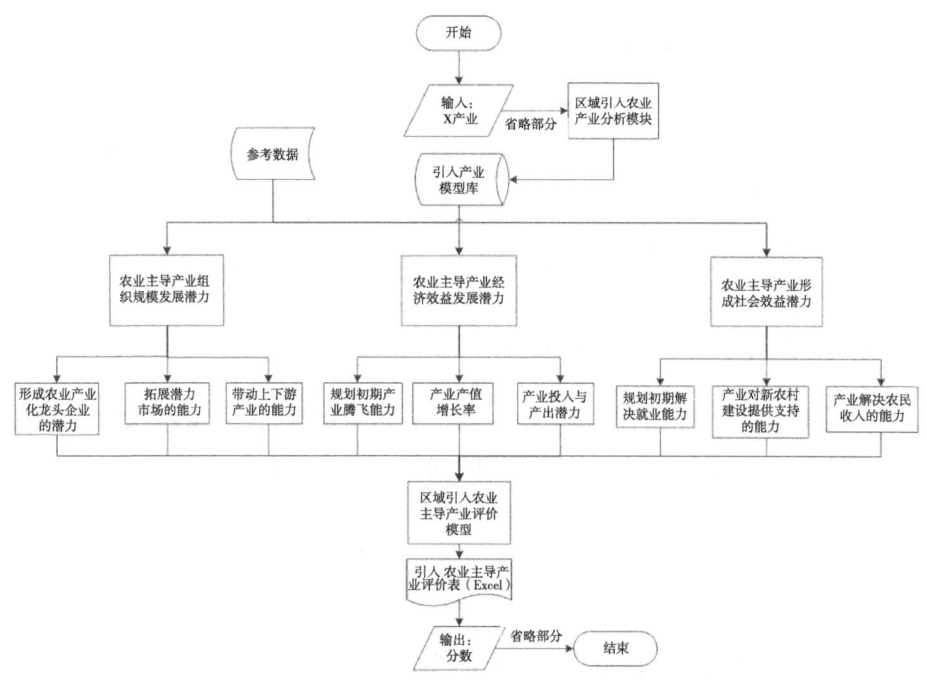

**图5-11 农业主导产业主治规模发展潜力等流程**

## 三、引入产业数据库样板

### (一)政策分析表

参考第四章政策收益评估计算,在此不进行赘述。

### (二)区域引入农业产业得分表

如表5-6所示,该表内容基于区域引入农业产业评价模型和政策分析模型的结果,为下一流程中数据的加权与偏好性处理打下基础。

表5-6 区域引入农业产业得分

|  | 产业1 得分 | 产业2 得分 | 产业3 得分 | 产业4 得分 | … | 产业J 得分 |
|---|---|---|---|---|---|---|
| 农业主导产业政策收益评估 |  |  |  |  |  |  |
| 农业主导产业组织发展潜力 |  |  |  |  |  |  |
| 农业主导产业经济发展潜力 |  |  |  |  |  |  |

（续表）

|  | 产业1<br>得分 | 产业2<br>得分 | 产业3<br>得分 | 产业4<br>得分 | … | 产业J<br>得分 |
|---|---|---|---|---|---|---|
| 农业主导产业形成社会效益潜力 | | | | | | |
| 农业主导产业资源利用潜力 | | | | | | |
| 农业主导产业可持续发展潜力 | | | | | | |

## 四、区域引入产业模型库

区域引入产业模型库指对区域引入产业进行优选时使用的模型，其中包括两组模型，分别为政策分析模型和区域引入农业产业评价模型。

### （一）政策分析模型

同已有产业政策分析模型。

### （二）区域引入农业产业评价模型

1. 模型类型

二维关系模型、开放模型。

2. 模型说明

由于农业规划的需求，需要尝试引入新的农业主导产业为区域注入强心剂，所以根据农业主导产业的特征与农业规划选择农业主导产业的特点，设计了6个影响因素，每个影响因素内设置了3个子因素，对引入产业进行科学的评价。由于不同区域特征不同，所以规划者可以根据自己的需求灵活地选择影响因素，但建议子因素选择3种以保证不同产业之间打分的公平性与科学性。

3. 模型内容

参考第四章第二节理论模型集成中引入产业优选模块的计算方法与打分表格明细。

## 五、生成软件界面

### （一）引入产业信息提交单

如图5-12所示，引入产业与已有产业共享产业信息提交界面，对于引入产业而言无须输入信息，可以直接进入产业评分环节。

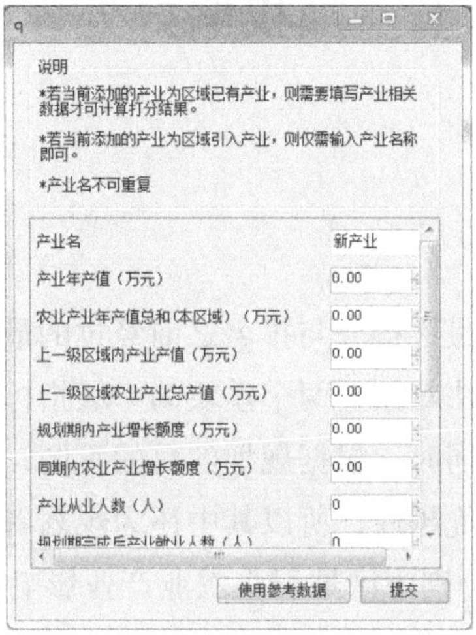

**图5-12 引入产业信息提交界面**

## （二）引入产业评价界面

引入产业分为6个影响因素，如图5-13为组织规模发展潜力的评分界面，其他因素的评分方式较相似，右下"计算打分模块"功能键为评分结果计算按键。

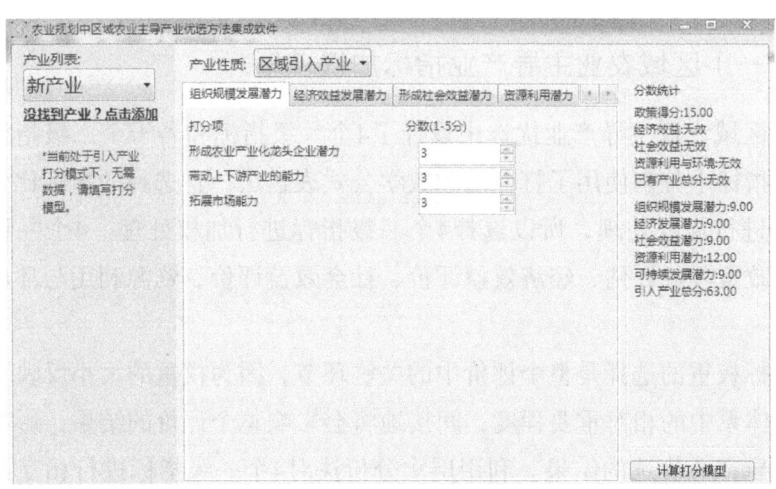

**图5-13 区域引入产业评价界面**

# 第六节 加权偏好处理模块

## 一、模块介绍

本模块为输出产业最终得分与排名之前经过的最后一个流程模块，通过层次分析法、专家打分法对其上两个模块的一级指标与影响因素进行加权处理，使其更具有意义。同时，根据规划的目的不同，所优选的区域农业主导产业也将表现出不同的优越性，所以其中还为规划者设计了偏好性处理。模块中包含了3个模型，分别为区域引入农业产业影响因素加权模型、区域已有产业指标加权模型、产业综合得分模型。输出数据包含了指标加权表、影响因素加权表、指标权重与分数表、影响因素权重与分数表、区域已有产业排名表、区域引入产业排名表。因为本模块是两个分支得出的结果，两者模型处理方式相似，但又有所不同，所以使得输出的数据表示也不完全相同，需分别进行阐述。

## 二、加权偏好处理模型库

### （一）区域农业主导产业指标加权模型

对区域农业主导产业优选中设计了4个一级指标和若干个二级指标，由于二级指标中分别使用了打分法和数学公式表达法，且选择的指标比较多，不适合进行加权处理，所以选择4个一级指标进行加权处理。4个一级指标分别为政策收益评估、经济效益评价、社会效益评价、资源利用与环境影响评价。

指标权重的选择是整个评价中的关键环节，因为权重的大小反映了指标在评价体系中的相对重要程度，间接地将会影响整个评价的结果，影响区域农业主导产业优选的结果。利用层次分析法对4个一级指标进行相互评价，得出农业主导产业指标的权重。

具体计算方法参考第四章第二节理论模型集成中偏好加权处理部分。

## (二)区域农业主导产业影响因素加权模型

对引入的农业主导产业评价是一种综合评价法,在综合评价法中,影响因素权重的确定是评价过程中的关键题,因为权重的大小,反映了影响因素在评价指标体系中的相对重要程度,可以说权重的确定直接决定着评价的结果。利用层次分析法对6个影响因素进行互相之间的评价,得出农业主导产业影响因素的权重。

具体计算方法参考第四章第二节理论模型集成中偏好加权处理部分。

## 三、加权偏好处理数据库样板

如表5-7、表5-8所示,输出数据包含了指标加权表、影响因素加权表。

**表5-7 指标权重与分数**

| | 产业1 | | 产业2 | | 产业3 | | 产业4 | | … | 产业J | |
|---|---|---|---|---|---|---|---|---|---|---|---|
| | 得分 | 权重 | 得分 | 权重 | 得分 | 权重 | 得分 | 权重 | | 得分 | 权重 |
| 政策收益评估 | | | | | | | | | | | |
| 经济效益评价 | | | | | | | | | | | |
| 社会效益评价 | | | | | | | | | | | |
| 资源利用与环境影响评价 | | | | | | | | | | | |

**表5-8 影响因素权重与分数**

| | 产业1 | | 产业2 | | 产业3 | | 产业4 | | … | 产业J | |
|---|---|---|---|---|---|---|---|---|---|---|---|
| | 得分 | 权重 | 得分 | 权重 | 得分 | 权重 | 得分 | 权重 | | 得分 | 权重 |
| 农业主导产业政策收益评估 | | | | | | | | | | | |
| 农业主导产业组织规模发展潜力 | | | | | | | | | | | |
| 农业主导产业经济发展潜力 | | | | | | | | | | | |

（续表）

| | 产业1 | | 产业2 | | 产业3 | | 产业4 | | … | 产业J | |
|---|---|---|---|---|---|---|---|---|---|---|---|
| | 得分 | 权重 | 得分 | 权重 | 得分 | 权重 | 得分 | 权重 | | 得分 | 权重 |
| 农业主导产业形成社会效益潜力 | | | | | | | | | | | |
| 农业主导产业资源利用潜力 | | | | | | | | | | | |
| 农业主导产业可持续发展潜力 | | | | | | | | | | | |

## 四、生成产业加权界面

产业加权部分融入每个产业评价之中，根据第四章第二节提出的层次分析计算方法对于每类指标或每类影响因素进行权重分配，在此基础上根据"计算加权结果"功能键计算不同产业的加权分数，如图5-14所示。

图5-14 加权界面

# 第七节 产业排名输出模块

## 一、产业排名输出流程图

产业排名通过产业得分综合计算与排名校正计算生成，其方法见第四章第二节理论模型集成中产业排名输出部分，逻辑流程见图5-15。

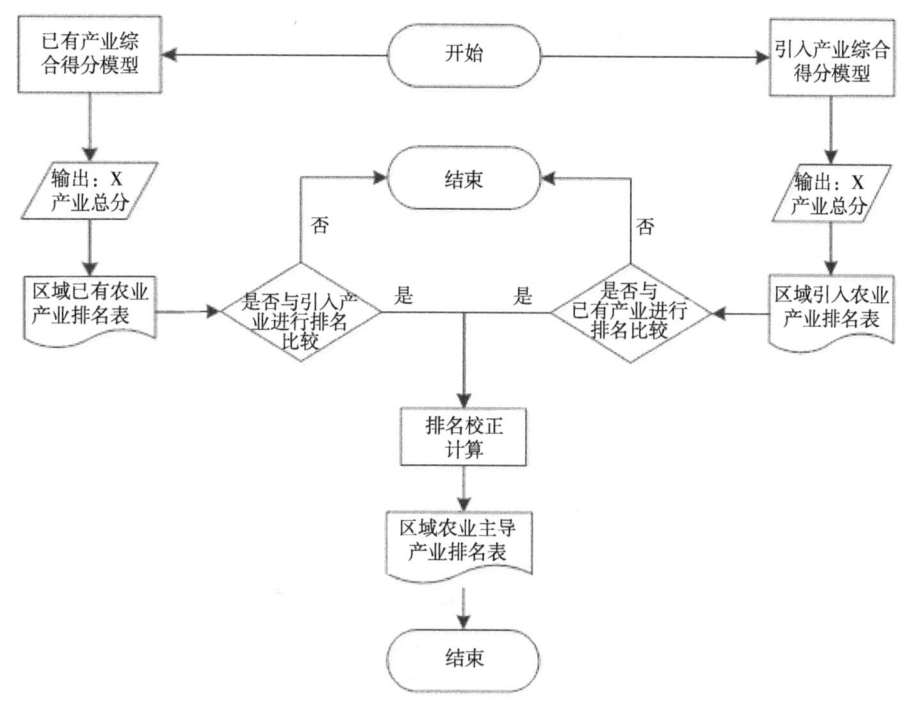

图5-15 产业排名输出流程

## 二、产业排名输出数据库样板

输出数据包含了影响因素权重与分数表,区域已有农业产业排名表、区域引入农业产业排名表。通过以上输出得分得到产业最后的得分与排名(表5-9至表5-11)。

表5-9 区域已有农业产业排名

| | 加权政策收益评估得分 | 加权经济效益评价得分 | 加权社会效益评价得分 | 加权资源利用与环境影响评价得分 | 总分 | 排名 |
|---|---|---|---|---|---|---|
| 产业1 | | | | | | |
| 产业2 | | | | | | |
| 产业3 | | | | | | |
| … | | | | | | |
| 产业J | | | | | | |

表5-10　区域引入农业产业排名

| 加权农业主导产业政策收益评估得分 | 加权农业主导产业组织规模发展潜力得分 | 加权农业主导产业经济效益发展潜力得分 | 加权农业主导产业形成社会效益潜力得分 | 加权农业主导产业资源利用潜力得分 | 加权农业主导产业可持续发展潜力得分 | 总分 | 排名 |
|---|---|---|---|---|---|---|---|
| 产业1 | | | | | | | |
| 产业2 | | | | | | | |
| 产业3 | | | | | | | |
| … | | | | | | | |
| 产业J | | | | | | | |

表5-11　区域农业主导产业排名

| 引入产业综合得分 | 已有产业综合得分 | 产业综合综合得分 | 校正产业综合得分 | 主导产业排名 |
|---|---|---|---|---|
| 产业1 | | | | |
| 产业2 | | | | |
| 产业3 | | | | |
| 产业4 | | | | |
| 产业5 | | | | |
| 产业6 | | | | |
| … | | | | |
| 产业J | | | | |

## 三、生成软件界面

如图5-16所示，校正系数与权重在软件界面中融入整个评价环节，当对全部已有、引入产业进行加权评价后，将得分最大、最小、中值3个已有产业在引入产业界面"模拟"打分，通过功能键"计算校正系数"自动获得所有产业最终分数,最后通过"生成排名表"功能键,输出最终结果。

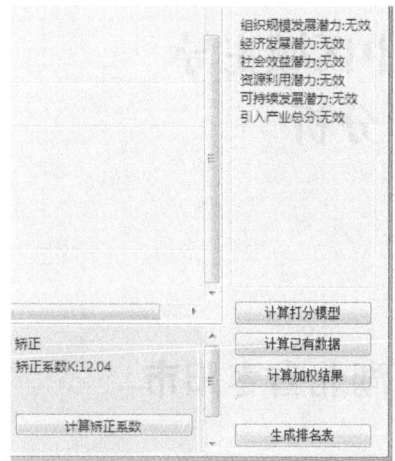

图5-16 产业排名输出界面

# 第六章　农业规划中区域主导产业选择实证分析

## 第一节　研究区域——湖北省枣阳市

### 一、研究区域基本情况

枣阳市，隶属于湖北省襄阳市管辖，位于湖北省西北部，东靠武汉市，西依襄阳市，南临江汉平原，北抵南阳市。被誉为"帝乡枣阳，千秋粮仓"的枣阳市具有良好的农业资源禀赋与发展现代农业的基础条件，具有较好的研究价值。枣阳市是全国粮食生产大市，2023年枣阳市粮食总产量127.43万t，同比增长0.33%，稳居湖北省前两名，全市粮食产量已连续13年稳定在120万t以上；2023年，全市生猪存栏57.1万头，能繁母猪存栏5.5万头，出栏111.4万头，猪肉产量8.7万t，位居全省前三，连续18年被评为"全国生猪调出大县"；2024年枣阳市桃产业重新崛起，种植面积恢复至30万亩，预计产量48万t、产值超40亿元。枣阳市多次获得"全国粮食生产先进县（市）""全国食品工业强市""国家现代农业示范区""全国电子商务进农村综合示范试点市""全省县域经济先进县市"等荣誉，被授予"中国桃之乡""中国最美休闲小城"等称号。

近年来，枣阳市坚持以工业化理念规划农业，以产业化思维经营农业，积极融入省内及襄阳市的十大重点农业产业链布局。该市全面推行农业重点产业链"链长制"，引导优质粮油、畜禽、果茶、淡水产品和中药材五大重点产业向集群化和生态链化发展，推动一产延伸、二产联动、三产向高端迈进。

## 二、研究前提

农业规划区内主导产业优选方法集成与软件操作的实测分析,是农业规划工作的辅助工具,实测分析需要基于特定区域农业规划的需求才具有研究意义,本章以"枣阳市'十四五'农业规划"为研究前提,依托《枣阳市现代农业园区详规(2015—2017)》对枣阳市农业区内主导产业进行优选,实践规划区内主导产业优选方法与软件的适宜性。

# 第二节 产业选择与数据选取

## 一、主导产业初步选择情况

根据枣阳市农业发展现有的成文资料与实地调查研究,结合我国当前与未来农业发展趋势,兼顾规划任务的需求,初步拟定可能成为枣阳市2021—2025年大力发展的农业主导产业。其中引入产业指规划区内需要从区外引入的产业,也包括区域内规模小但具有发展潜力的新兴产业。

### (一)已有产业

小麦种植产业、水稻种植产业、玉米种植产业、蜜桃种植产业、蔬菜栽培产业、肉牛养殖产业、生猪养殖产业、肉鸡养殖产业、淡水鱼养殖产业。

### (二)引入产业

牧草种植产业、光伏发电产业、涉农服务业。

## 二、数据获取途径

根据初步选择的产业以及产业数据类型,分为现有数据与规划期完成数据。现有数据来源于《2021年枣阳市市统计年鉴》《2021年湖北省统计年鉴》等统计资料，部分数据无法查阅，根据相关文献进行估算，如小麦产业的生产成本，依据张耀兰等（2014）发表的《安徽省小麦生产成本收益分析》进行估算，玉米种植的年需水量，依据周蕊蕊（2014）发表的《中国主要粮食作物需水满足度时空特征分析》进行估算等。本章中规划期完成数据指上级规划中预测2025年枣阳市产业发展的指导性数据，规划期完成数据主要参考襄阳市"十四五"推进农业农村现代化规划（2021—2025）。

## 三、产业原始数据

如表6-1所示，产业原始数据来源于枣阳市各类农业产业，包括预测数据，具有时效性和真实性。

表6-1　产业原始数据

| 产业名称 | 小麦 | 水稻 | 玉米 | 蜜桃 | 蔬菜 | 肉牛 | 生猪 | 肉鸡 | 淡水鱼 |
| --- | --- | --- | --- | --- | --- | --- | --- | --- | --- |
| 年产值（百万元） | 1 709 | 1 410 | 539 | 1 460 | 1 149 | 1 507 | 2 993 | 1 701 | 564 |
| 从业人数（个） | 52 173 | 51 032 | 50 050 | 33 598 | 9 763 | 4 679 | 4 167 | 14 055 | 11 904 |
| 使用面积（千亩） | 1 558 | 747 | 819 | 274.3 | 82.36 | 13.99 | 10.01 | 17.32 | 213.45 |
| 生产成本（百万元） | 777 | 585 | 574 | 713 | 366 | 969 | 1 407 | 717 | 1 704 |
| 年耗水（$km^3$） | 0.57 | 0.32 | 0.31 | 0.02 | 0.035 | 0.004 | 0.000 4 | 0.000 3 | 0.02 |
| 规划期完成年产值（百万元） | 2 099 | 1 704 | 501 | 1 617 | 3 346 | 2 354 | 3 255 | 2 788 | 581 |
| 规划期完成就业人口（个） | 65 000 | 60 000 | 48 000 | 37 000 | 32 000 | 6 500 | 4 100 | 28 000 | 11 500 |
| 当前关联产业就业人数（个） | 56 500 | 49 000 | 54 000 | 34 000 | 14 000 | 60 000 | 61 000 | 68 000 | 62 000 |
| 规划期关联产业就业目标（个） | 76 000 | 61 000 | 50 000 | 39 000 | 32 000 | 61 000 | 51 000 | 74 000 | 53 000 |
| 上一级区域该产业产值（百万元） | 5 940 | 5 486 | 884 | 5 321 | 14 235 | 7 244 | 19 231 | 6 431 | 2 978 |

## 第三节　实测分析——枣阳市农业规划区内主导产业优选

在其他软件计算方法固定的基础上，政策收益评估具有时效性，本次实测分析根据党的十八大及十八届三中全会、四中全会文件和国家陆续出台的50多项农业支持政策和举措，选择其中50项政策引入分析软件，其理论方法参考第五章第二节，生成的政策数据库如表6-2所示。

表6-2　政策选择明细表

| 编号 | 政策名称 | 政策参考来源 |
| --- | --- | --- |
| 1 | 粮食生产支持 | 《"十四五"推进农业农村现代化规划》 |
| 2 | 农资综合补贴 | 《关于调整完善农业三项补贴政策的指导意见》 |
| 3 | 良种补贴 | 《关于调整完善农业三项补贴政策的指导意见》 |
| 4 | 农机购置与应用补贴 | 《2021—2023年农机购置补贴实施指导意见》 |
| 5 | 农机报废更新补贴试点 | 《2015年深化农村改革、发展现代农业、促进农民增收政策》 |
| 6 | 新增补贴向粮食主产区倾斜政策 | 《2015年深化农村改革、发展现代农业、促进农民增收政策》 |
| 7 | 小麦、水稻最低价格补贴 | 《2015年深化农村改革、发展现代农业、促进农民增收政策》 |
| 8 | 粮油生产大县奖励 | 《2022年重点强农惠农政策》 |
| 9 | 生猪养殖大县奖励 | 《2022年重点强农惠农政策》 |
| 10 | 生猪调出大县奖励 | 《2022年重点强农惠农政策》 |
| 11 | 土地轮作休耕政策 | 《2022年重点强农惠农政策》 |
| 12 | 园艺作物标准园 | 《2015年深化农村改革、发展现代农业、促进农民增收政策》 |
| 13 | 测土配方施肥补助 | 《测土配方施肥试点补贴资金管理暂行办法》 |
| 14 | 化肥农药零增长 | 《到2025年化肥减量化行动方案》 |
| 15 | 耕地保护和质量提升 | 《乡村振兴用地政策指南（2023年）》 |

（续表）

| 编号 | 政策名称 | 政策参考来源 |
| --- | --- | --- |
| 16 | 设施农业建设 | 《全国乡村产业发展规划（2020—2025年）》 |
| 17 | 特色产业建设 | 《全国乡村产业发展规划（2020—2025年）》 |
| 18 | 农产品追溯体系建设 | 《农业部关于加快推进农产品质量安全追溯体系建设的意见》 |
| 19 | 农产品质量安全县创建 | 《乡村振兴用地政策指南（2023年）》 |
| 20 | 畜牧良种补贴 | 《2015年深化农村改革、发展现代农业、促进农民增收政策》 |
| 21 | 畜牧标准化规模养殖 | 《2015年深化农村改革、发展现代农业、促进农民增收政策》 |
| 22 | 种粮一次性补贴政策 | 《2022年重点强农惠农政策》 |
| 23 | 草原生态保护补助奖励 | 《草原生态保护补助奖励政策》 |
| 24 | 奶业苜蓿种植 | 《全国苜蓿产业发展规划（2016—2020）》 |
| 25 | 动物疫病防控支持 | 《2022年重点强农惠农政策》 |
| 26 | 渔业资源保护 | 《"十四五"全国农业农村科技发展规划》 |
| 27 | 渔民上岸安居 | 《关于实施以船为家渔民上岸安居工程的指导意见》 |
| 28 | 渔业发展补助 | 《2022年重点强农惠农政策》 |
| 29 | 农产品产地初加工 | 《全国乡村产业发展规划（2020—2025年）》 |
| 30 | 农业生产社会化服务 | 《2022年重点强农惠农政策》 |
| 31 | 农业资源休养生息试点 | 《乡村振兴用地政策指南（2023年）》 |
| 32 | 村庄人居环境整治 | 《2022年重点强农惠农政策》 |
| 33 | 农业基础设施建设 | 《"十四五"推进农业农村现代化规划》 |
| 34 | 农产品市场建设 | 《2022年重点强农惠农政策》 |
| 35 | 新型农业经营主体培育 | 《"十四五"推进农业农村现代化规划》 |
| 36 | 健全农村金融服务体系 | 《关于金融支持新型农业经营主体发展的意见》 |
| 37 | 新型农业合作金融组织 | 《关于金融支持新型农业经营主体发展的意见》 |

(续表)

| 编号 | 政策名称 | 政策参考来源 |
| --- | --- | --- |
| 38 | 农业保险保费补贴 | 《2022年重点强农惠农政策》 |
| 39 | 村级一事一议财补 | 《村级公益事业建设一事一议财政奖补资金管理办法》 |
| 40 | 耕地地力保护补贴 | 《2022年重点强农惠农政策》 |
| 41 | 支持农民合作社发展 | 《2022年重点强农惠农政策》 |
| 42 | 农业信贷担保服务 | 《关于金融支持新型农业经营主体发展的意见》 |
| 43 | 适度规模经营 | 《关于引导农村土地经营权有序流转发展农业适度规模经营的意见》 |
| 44 | 土地确权登记颁证 | 《乡村振兴用地政策指南（2023年）》 |
| 45 | 新型农村集体经济建设 | 《关于引导农村土地经营权有序流转发展农业适度规模经营的意见》 |
| 46 | 现代农业示范区 | 《乡村振兴用地政策指南（2023年）》 |
| 47 | 农业科技创新支持 | 《"十四五"推进农业农村现代化规划》 |
| 48 | 农垦、农村危房改造 | 《中央财政农村危房改造补助资金管理暂行办法》 |
| 49 | 数字乡村建设农业 | 《"十四五"推进农业农村现代化规划》 |
| 50 | 科研人才队伍建设 | 《"十四五"全国农业农村科技发展规划》 |

## 一、已有产业

### （一）输入已有产业信息

将上节中统计的小麦、水稻等九大产业原始数据输入软件，进行区域已有主导产业优选分析。

### （二）输出已有产业结果

如表6-3所示，输出的已有产业结果为原始数据进行指标运算，再通过无量纲分级评分的结果，未进行加权处理。通过对各类评价的简单分析，肉猪养殖业在经济与社会效益中都具有较好的潜力,蔬菜栽培产业在可持续利用角度具有较好的潜力,淡水鱼养殖产业的主导性偏弱,各产业的政策收益结果相近。

表6-3 枣阳市规划区内已有产业指标分数统计(未加权)

| 产业列表 | 经济效益评价 | 社会效益评价 | 资源利用与环境评价 | 政策收益评估 |
| --- | --- | --- | --- | --- |
| 小麦 | 9 | 4 | 4 | 11.6 |
| 水稻 | 7 | 4 | 6 | 10.9 |
| 玉米 | 7 | 3 | 4 | 10.5 |
| 蜜桃 | 6 | 6 | 5 | 9.4 |
| 蔬菜 | 8 | 11 | 7 | 9.9 |
| 肉牛 | 8 | 6 | 6 | 9.6 |
| 生猪 | 11 | 7 | 14 | 10.1 |
| 肉鸡 | 9 | 5 | 10 | 9.8 |
| 淡水鱼 | 4 | 3 | 3 | 9.4 |

## 二、引入产业

将牧草种植业、光伏发电产业和涉农服务业三大产业作为区域引入产业输入软件进行运算,分析结果通过打分由软件生成显示,由于引入产业评价由6个因素组成,故省略中间过程。

### (一)牧草种植业

枣阳市地处我国南北分界线附近,独特的气候条件与较平坦的地形有利于牧草的生产。牧草一年可收割多次,富含各种微量元素和维生素,是发展畜禽生产,特别是草食家畜生产的基础。配合平原地区牧草机械收割、机械加工、牧草青贮等技术,可从经济、可持续利用等多维度提升枣阳市农业的竞争力。对产业评价总分为65.37分。

## (二)光伏发电产业

湖北省光伏装机数量位列全国第二,结合国家节能减排扶持政策和新能源企业发展需求,招商引资,采取分步光伏发电模式。利用区域内食用菌大棚、养殖棚舍屋面、民居屋面和扬水站边坡等空间条件,铺设光伏膜,安装光伏板,形成农区太阳能发电产业,扩大产业规模。对产业评价总分为77.9分。

## (三)涉农服务业

涉农服务业主要包括休闲农业、农业社会化服务、居民生活服务等内容,枣阳市属于农业强县,但涉农服务业还未兴起,根据现代农业发展建设的过程,该产业将在"十四五"期间成为农业区域的重要产业类型。对产业评价总分为80.39分。

## 三、产业偏好加权

### (一)已有产业加权值计算

如表6-4所示,根据拟定的规划目标,各类一级指标重要性排名为资源利用与环境影响评价=社会效益评价>经济效益评价=政策收益评估,根据因子矩阵对几类指标进行层次分析,其方法模型参考第五章。

表6-4 枣阳市规划区内已有产业指标权重计算

| 一级指标 | 政策收益评估 | 经济效益评价 | 社会效益评价 | 资源利用与环境影响评价 |
|---|---|---|---|---|
| 政策收益评估 | 0.5 | 0.5 | 0 | 0 |
| 经济效益评价 | 0.5 | 0.5 | 0 | 0 |
| 社会效益评价 | 1 | 1 | 0.5 | 0.5 |
| 资源利用与环境影响评价 | 1 | 1 | 0.5 | 0.5 |

如图6-1所示,权重结果输入软件对已有产业部分进行计算,其权重结果经济效益评价、政策收益评估、社会效益评价、资源利用与环境影响评价分别为0.13、0.13、0.37、0.37。

图6-1　枣阳市规划区内已有产业指标权重界面

## （二）引入产业加权值计算

如表6-5所示，根据拟定的规划目标，各类影响因素重要性排名为农业主导产业组织规模发展潜力>农业主导产业经济效益发展潜力>农业主导产业社会效益潜力=农业主导产业可持续发展潜力=农业主导产业资源利用潜力>政策收益评估，根据因子矩阵对几类指标进行层次分析，其方法模型参考第四章。

表6-5　枣阳市规划区内引入产业影响因素权重计算

| 影响因素 | 政策收益 | 组织规模 | 经济效益 | 社会效益 | 资源利用 | 可持续发展 |
|---|---|---|---|---|---|---|
| 政策收益 | 0.5 | 0 | 0 | 0 | 0 | 0 |
| 组织规模 | 1 | 0.5 | 1 | 1 | 1 | 1 |
| 经济效益 | 1 | 0 | 0.5 | 1 | 1 | 1 |
| 社会效益 | 1 | 0 | 0 | 0.5 | 0.5 | 0.5 |
| 资源利用 | 1 | 0 | 0 | 0.5 | 0.5 | 0.5 |
| 可持续发展 | 1 | 0 | 0 | 0.5 | 0.5 | 0.5 |

如图6-2所示，权重结果输入软件对引入产业部分进行计算，其权重结果组织规模发展潜力、经济效益发展潜力、形成社会效益潜力、资源利用潜力、可持续发展潜力、政策收益评估分别为0.30、0.24、0.14、0.14、0.14、0.03。

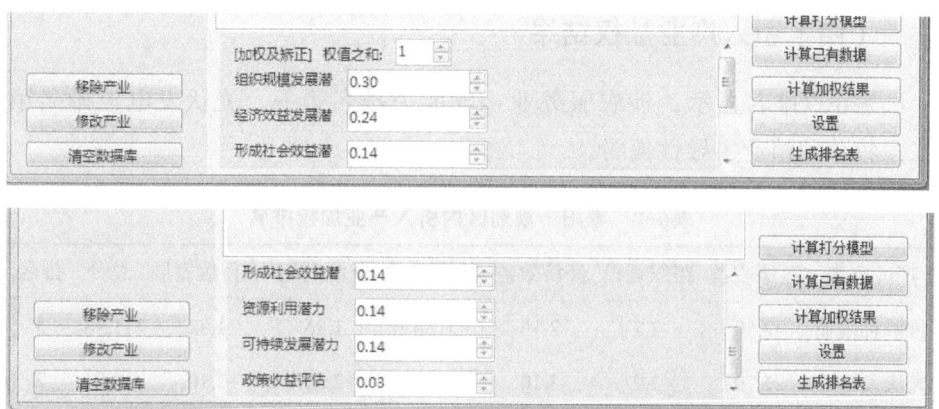

图6-2 枣阳市规划区内引入产业影响因素权重界面

## （三）已有产业加权结果

表6-6排名显示，畜牧业中生猪养殖业排名第一，种植业中蔬菜种植业排名第一，主粮产业中传统小麦种植业仍然具有一定的主导能力，而淡水鱼养殖业在枣阳市农业区域内的主导能力明显偏弱。

表6-6 枣阳市规划区内已有产业加权排名

|  | 经济效益评价 | 社会效益评价 | 资源利用与环境影响评价 | 政策收益评估 | 加权总分 | 主导排名 |
| --- | --- | --- | --- | --- | --- | --- |
| 小麦种植业 | 1.17 | 1.48 | 2.96 | 1.50 | 7.11 | 5 |
| 水稻种植业 | 0.91 | 1.48 | 2.96 | 1.42 | 6.77 | 6 |
| 玉米种植业 | 0.91 | 1.11 | 2.22 | 1.37 | 5.61 | 8 |
| 蜜桃种植业 | 0.91 | 1.11 | 2.59 | 1.22 | 5.83 | 7 |
| 蔬菜种植业 | 1.05 | 4.07 | 3.70 | 1.29 | 10.11 | 2 |
| 肉牛养殖业 | 0.91 | 2.22 | 2.96 | 1.25 | 7.34 | 3 |
| 生猪养殖业 | 1.43 | 2.59 | 4.81 | 1.31 | 10.14 | 1 |
| 肉鸡养殖业 | 1.17 | 1.85 | 2.59 | 1.27 | 6.88 | 4 |
| 淡水鱼养殖业 | 0.39 | 1.11 | 1.11 | 1.22 | 3.83 | 9 |

## （四）引入产业加权结果

表6-7排名显示，涉农服务业主导能力排名第一，光伏发电业排名第二，牧草种植业主导性偏弱。

表6-7 枣阳市规划区内引入产业加权排名

| 产业列表 | 政策收益 | 组织规模 | 经济效益 | 社会效益 | 资源利用 | 可持续发展 | 总分 | 排名 |
|---|---|---|---|---|---|---|---|---|
| 牧草种植业 | 2.50 | 2.7 | 2.16 | 0.84 | 1.96 | 1.82 | 11.98 | 3 |
| 光伏发电业 | 1.79 | 3.9 | 3.10 | 1.40 | 2.52 | 2.10 | 14.81 | 2 |
| 涉农服务业 | 1.90 | 4.2 | 3.12 | 2.10 | 2.38 | 1.68 | 15.38 | 1 |

## 四、排名校正

### （一）排名校正系数 $K$

将已有产业排名结果的最大值、中值、最小值3类产业，即生猪养殖业、淡水鱼养殖业、小麦种植业引入产业分析模块模拟打分。其结果如图6-3至图6-5所示（其中政策打分不重复进行）。

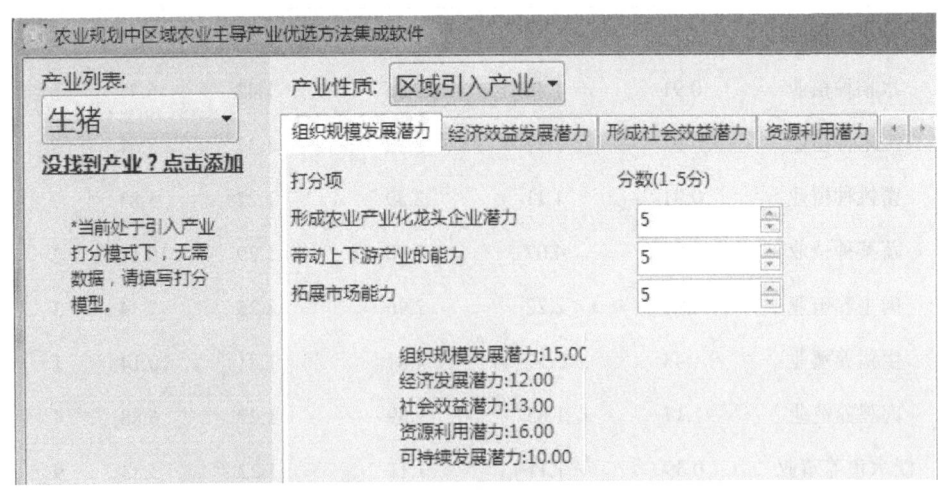

图6-3 生猪养殖业模拟打分界面

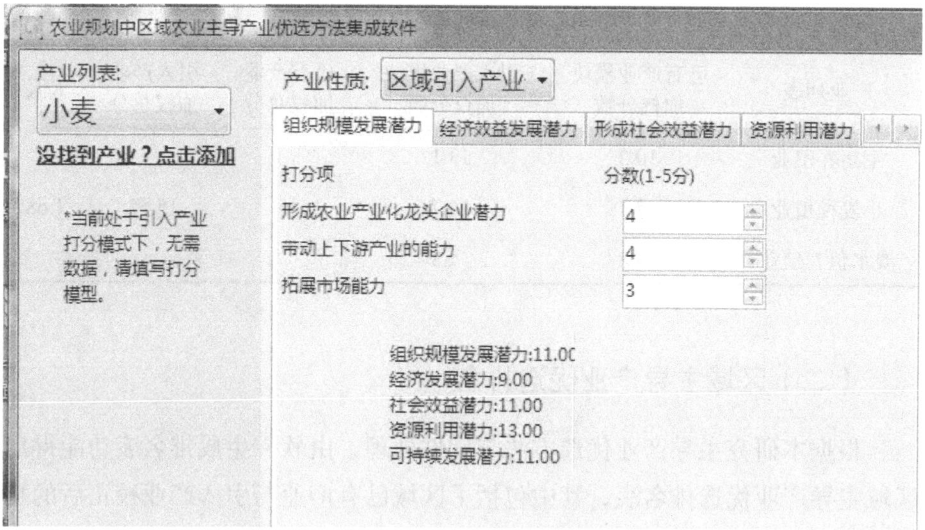

图6-4　小麦种植业模拟打分界面

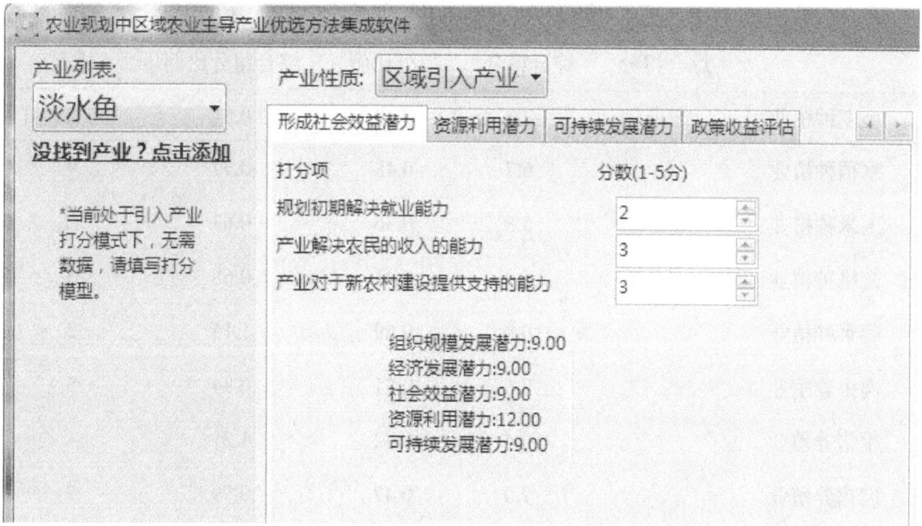

图6-5　淡水鱼养殖业模拟打分界面

如表6-8所示，计算分析矫正系数$K$值。

表6-8　校正系数K与中间量结果

| 产业列表 | 已有产业模块加权分数 | 引入产业模块加权分数 | 已有产业加权总分 | 引入产业加权总分 | K值 |
|---|---|---|---|---|---|
| 生猪养殖业 | 10.2 | 13.1 | | | |
| 小麦种植业 | 7.1 | 10.7 | 15 | 15.55 | 1.68 |
| 淡水鱼养殖业 | 3.8 | 9.3 | | | |

### （二）区域主导产业优选排名

根据本研究主导产业优选方法与软件处理，由软件生成排名表功能得出区域主导产业优选排名表，其中包括了区域已有产业与引入产业校正后的总体排名结果（表6-9）。

表6-9　枣阳市规划区内主导产业优选排名

| | 引入产业综合得分 | 已有产业综合得分 | 产业综合得分比例 | 校正产业综合得分比例 | 主导产业排名 |
|---|---|---|---|---|---|
| 小麦种植业 | | 7.3 | 0.49 | 0.81 | 6 |
| 水稻种植业 | | 6.7 | 0.48 | 0.77 | 9 |
| 玉米种植业 | | 5.8 | 0.36 | 0.63 | 11 |
| 蜜桃种植业 | | 5.9 | 0.41 | 0.68 | 10 |
| 蔬菜种植业 | | 10.2 | 0.69 | 1.15 | 2 |
| 肉牛养殖业 | | 7.6 | 0.51 | 0.84 | 5 |
| 生猪养殖业 | | 10.4 | 0.72 | 1.21 | 1 |
| 肉鸡养殖业 | | 7.0 | 0.47 | 0.79 | 7 |
| 淡水鱼养殖业 | | 3.9 | 0.26 | 0.43 | 12 |
| 牧草种植业 | 11.98 | | | 0.78 | 7 |
| 光伏发电业 | 14.81 | | | 0.98 | 4 |
| 涉农服务业 | 15.38 | | | 0.99 | 3 |

利用农业规划区主导产业优选软件对枣阳市区域产业进行优选，研究结果认为在"十四五"期间生猪养殖业、蔬菜种植业是枣阳市最具潜力的主导产业，同时尝试扶持涉农服务业并引入光伏发电业进入区域，稳定小麦种植业的主粮地位，降低玉米产业的种植面积，控制淡水鱼养殖业的发展规模。

## 五、主导产业发展对策建议

随着农业内部产业之间、农业与高新技术产业或传统的二三产业的界限日渐模糊，产业交叉处产生了技术融合、模式融合与市场融合等，新型业态的形成路径在这一动态过程中逐步明确。通过新型业态形成路径的研究，可以具象化地辨析不同业态之间功能特点与产生过程，为有效推动农业产业结构调整与升级助力。

### （一）加工终端型业态

加工终端型业态是以农产品终端需求为导向，以优势特色产业为重点，以增加绿色优质特色农产品供给为目标，通过引导农民合作社和家庭农场发展农产品初加工，建立和完善电商直营和配送体系，发挥农产品加工企业下连基地、上接市场的优势，推动企业发展规范的订单基地、自属基地，促进农产品精深加工，提高农产品附加值，实现从产地到消费、从农产品到商品的直接对接。

如图6-6所示，此类业态的形成路径，由初级农产品层与初、精深加工层组成，初级农产品由种植业粮油产品等5类基础产品组成，初、精深加工层分为3个部分，即产地初加工、龙头企业精深加工与现代农业产业园区功能性。从逻辑角度而言，形成路径就是实现从农产品出发，通过"加工+电商物流"增加产品附加值，产生终端消费的过程。具体而言，以项目建设与战略区域为载体，建设一批田头市场，在产地就近建设交易棚（厅）、水电配套等基础设施以及仓储、冷库等冷链物流设施，发展农产品清理、保鲜、烘干、分级、包装、副产物循环利用等初加工处理，支持具有原料优势、科技优势、人才优势的龙头企业大力发展农产品精深加工，推进"互联网+现代农业"，与大型电商合作，建立绿色优质特色农产品电商平台或专属营销渠道。通过股份合作、"保底收益+按股分红"等形式与农户建立紧密利益联结机制，让小农户充分享受二三产业增值收益，构建从田头到餐桌、从初级产品到终端产品无缝对接的加工终端型业态。

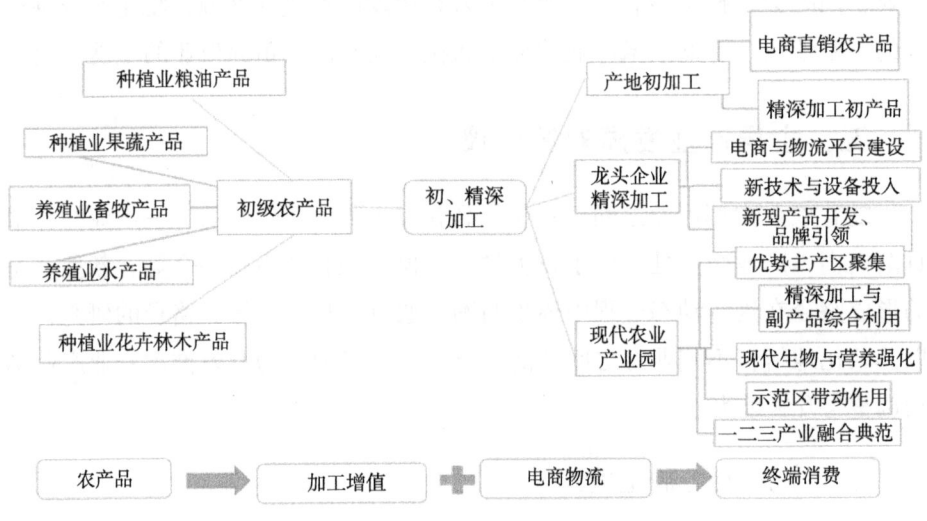

图6-6　加工终端型业态路径

## （二）物流终端型业态

物流终端型业态通过建设农产品现代冷链物流体系，通过制造业和现代冷链物流产业的联动发展，多层次、全方位地实现冷链物流运作一体化、信息化、高效化运营，其核心是供应链一体化，供应链是一个环环相扣的"物流链"，推动新型农业经营主体与农业"新六产"形成。

如图6-7所示，此类业态的形成路径由农业产业链延伸、价值链提升与供应链相通3个功能层组成。具体而言，积极开展特色农产品、果蔬产品、畜禽产品和水产品的加工领域，建设从采摘、初加工、深加工、批发交易市场、物流配送中心、加工园区基础配套的全程冷链一体化，实现货物的快进快出，提高农产品加工业的供应链管理能力，加快建立以市场为导向的出口加工新体系，提高农产品加工业的国际竞争能力。按照"用外贸标准办内贸"的工作思路，制定《生鲜农产品冷链物流管理规范》，建立农产品流动联动发展机制，促进契合消费者需求的会员制、直营店、电商平台、中央厨房等终端型业态快速发展，加速供应链流通与生产环节的融合，不断完善农产品冷链流通环节的质量管理、追溯服务、信用评级、金融服务、标准制定、规则统一、品牌培育、研发设计等机制，推动形成高效畅通、全程冷链、安全规范的区域农产品物流终端型业态。

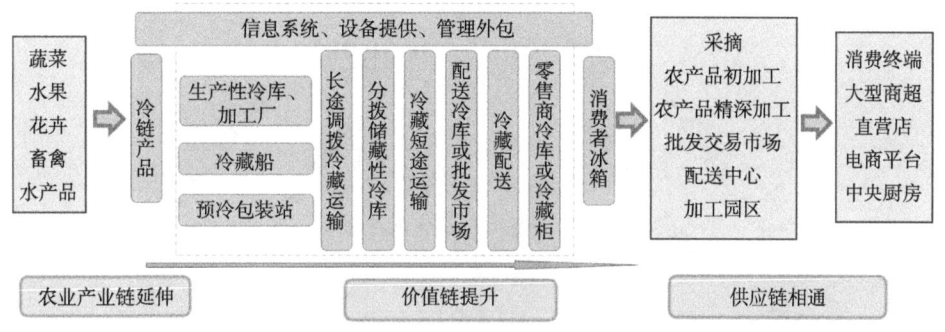

图6-7 物流终端型业态路径

### （三）体验型业态

体验型业态是以培育休闲农业和乡村旅游相互融合的体验型业态体系为目标，通过立足农业多种功能的挖掘与拓展，采取"存量抓升级，增量重转型"的方式，推进休闲农业与乡村旅游理念升级、业态升级、硬件升级、文化升级、服务升级、标准升级、规模升级，实现美丽乡村建设，促进农民就业增收，传承优秀传统文化，满足居民休闲消费。

如图6-8所示，在形成路径中，以旅游、文化、农业3类产业融合为核心，形成跨界融合创新层、休闲农业精品层与乡村产业升级层，不同逻辑层之间存在联结、带动与补充功能，不同逻辑层还存在示范、辐射等功效。具体而言，按照"完善设施，升级硬件，支撑融合""拓展功能，创新业态，驱动融合""培育精品，典型示范，引领融合""跨界相通，协调创新，推动融合""优化布局，集群发展，促进融合""联农带农，增益共享，带动融合"的六步融合策略，推进休闲农业与乡村旅游"吃住行游购娱"要素内部融合，以及与文化、旅游、教育、健康养老产业跨界融合，培育融田园景观、民俗风情、农事体验、休闲度假、文化创意、康体养生、研学教育为一体的农业体验式新产品、新模式、新业态，为游客提供望山看水忆乡愁的高品质休闲体验。积极对接本地优势旅游品牌、优质旅游资源、精品旅游线路，主动融入全域旅游发展，为加快农业"新六产"高质量发展提供有力支撑。

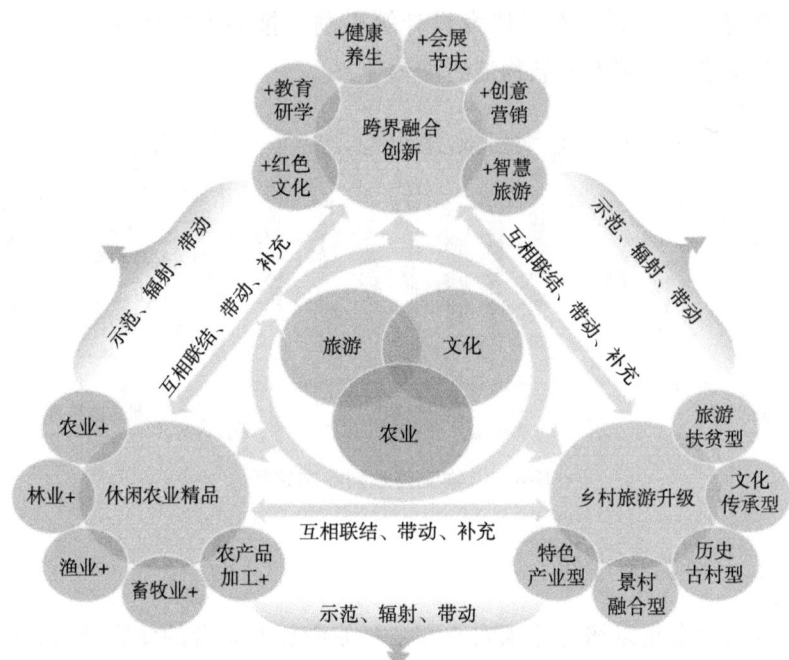

图6-8 体验型业态路径

## （四）循环型业态

循环型业态是以绿色高效、生态循环为中心，立足区域农业资源优势和产业基础，坚持"生态化、减量化、资源化、高值化"原则，加快推进生态循环农业示范创建、农业废弃物和副产物的资源化及高效综合利用、农业投入品减量建设、生物灾害绿色防控建设等，实现农业资源在经济循环中的高效集约利用。

循环型业态形成的核心理念是通过示范引领、模式推广等方式，构建现代绿色生态与可持续发展的循环化体系，图6-9中以农业废弃物资源化利用、新型技术装备与绿色生态农业保障措施等内在联系为基础，构建了循环型业态形成的逻辑结构。具体而言，需要打造现代生态循环农业新技术和新模式，强化区域生态循环农业建设，通过推广先进的清洁化生产和绿色防控等农业生产技术，引领农业产业节本增效和绿色减碳发展，通过引进农产品加工新技术，实现农业废弃物和加工副产物的梯次加工和高值化利用。

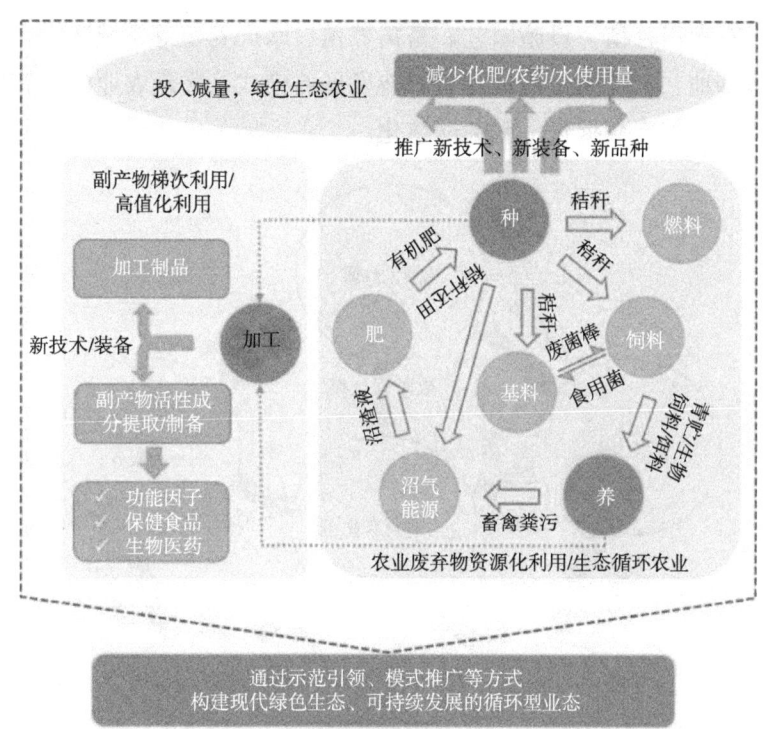

图6-9 循环型业态路径

## (五)智慧型业态

智慧型业态是智慧农业产业升级形态,是以农业增效、农民增收为目标,以现代农业发展需求为导向,以提升农业发展整体水平和市场竞争力为核心,深入实施"互联网+现代农业"行动,围绕智能、集约、高效、安全、持续的现代特色农业发展,将物联网、大数据、云计算、移动互联网等现代信息技术应用于农业生产、经营管理、农产品流通、农业服务等领域,促进农业生产经营现代化、组织形式现代化、流通服务现代化。

智慧型业态的形成路径是以智慧农业形成逻辑为基础,由5部分组成,包括农业大数据、智慧农业综合服务体系、农产品质量安全监管体系、农产品电子商务体系与各类智慧园区(图6-10)。具体的路径形成:通过加快农业与物联网等现代信息技术产业深度融合,建立覆盖区域的智慧农业综合服务体系、农产品质量安全监管体系、农产品电子商务体系、农业大数据管理系统，在大田种植、设施园艺、畜禽养殖、水产养殖等领域建设一批智慧农业示范基地、示范园，培育智慧农业发展新模式，实现农业生产智能化、经营信息化、管理数据化、服务网络化。

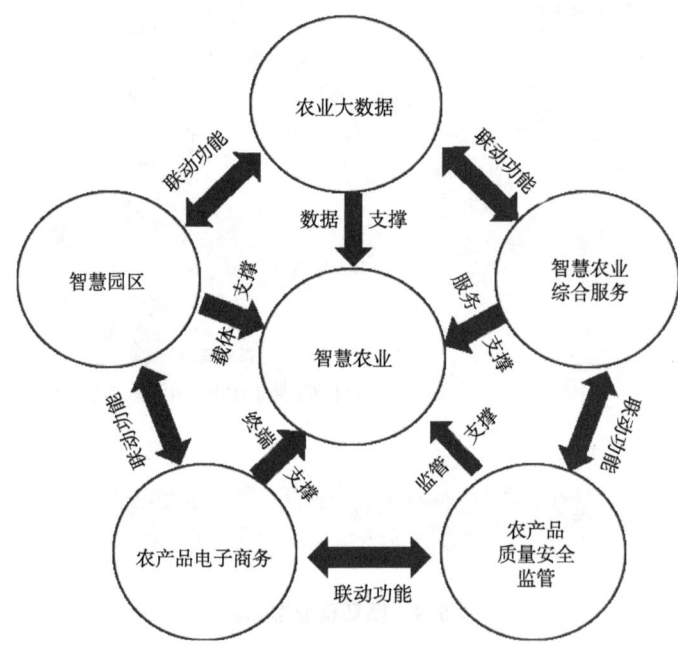

图6-10 智慧型业态路径

# 第七章 农业规划中区域主导产业选择研究总结与展望

在研究背景分析的基础上,本研究首先描述了农业规划在加快实现农业现代化中的重要作用,阐述了优选主导产业对于农业规划开展工作重要的辅助作用。其次,对于主导产业概念的提出、理论的发展、国内国外相关研究的进展进行了详细的梳理,为后续的研究奠定了基础。通过规划区内优选主导产业理论方法的构建、流程图的设计、软件的开发与实测分析,初步尝试了农业区域规划辅助工具的研究,并取得了一定的研究成果。

## 第一节 研究总结

### 一、理论方法

在理论模型的设计过程中,深入考虑了方法逻辑的合理性、指标使用的便捷性、数学运算的简易性,以及引入产业的需求性和政策收益影响性等多个方面。通过集成层次分析法和德尔菲法等先进的数理方法,成功构建了"农业规划区内主导产业优选方法的理论模型"。这一模型不仅为下一步的软件开发提供了坚实的依据,还搭建了一个强有力的支撑平台。在理论结构上,该模型展现了一定的创新性,对理论模型讨论的结果如下。

#### (一)数据获取的难易程度与保障程度

在本研究中,所需的数据主要源自区域统计年鉴与规划估算。然而,环境类指标数据的获取相对困难,往往需要参考环境类的统计年鉴进行推算。

此外，规划估算的准确性在很大程度上依赖于规划者对产业的熟悉程度。为了获得更具客观性的分析结果，规划者需要投入大量精力去收集基础数据。

## （二）模块算法

在模型设计中，采用了较为简易的数学方法来处理指标与评价算法。然而，在实际操作中，算法的表达形式较为复杂，需要进一步简化以提高其易用性。特别是规划预测类指标的算法，其科学性需要进一步讨论和验证。目前，产业分析的算法众多，运算工作量较大，因此计划将本框架转化为软件形式，以提高其使用效率与价值。

## （三）评价结果的准确性

受限于研究能力，在引入产业与政策收益的评价分析中采用了主观打分方法。此外，部分指标的数据也依赖于规划者的估算，这可能导致评价结果具有较高的不确定性。为了改进这一不足，在后续的研究中将通过与其他较成熟的方法进行对比分析、实测分析等手段，来验证本方法评价结果的准确性，以期不断提高其实际应用价值。

# 二、流程图设计

流程图作为一种高度精练的算法思路表达形式，不仅蕴含了严谨的逻辑设计与数据流处理，而且在汇编语言与软件制作等领域得到了广泛应用。它在战略层面上，如同一座坚实的桥梁，紧密连接着理论方法的设计者与软件制作工程师，使得双方在沟通与协作中能够更加高效。随着不同领域研究的深入，流程图的重要性日益凸显。

本研究创新性地将流程图方法引入农业区域产业研究领域，为这一领域带来了新的视角与思路。以下是关于理论模型与流程图设计的主要内容。

## （一）产业处理输入模块

此模块负责对进入分析的产业进行初步筛选，将产业明确地划分为引入产业与已有产业，为后续的分析工作奠定坚实基础。

### (二)区域已有产业优选模块

基于现有的数据与上级规划数据,该模块对区域内已成规模的产业进行主导能力的比较。这一过程中,采用了4类一级指标与若干二级指标,并制作了相应的数据库表格,以确保数据的准确性与完整性。

### (三)区域引入产业优选模块

鉴于规划引入的新兴产业往往缺乏直接的数据来源,该模块创造性地采用了9类因素与政策评估方法,对引入产业的主导能力进行综合评价。同时,也制作了相应的数据库图表,以便于数据的可视化与分析。

### (四)加权偏好处理模块

此模块旨在对产业的初步运算结果进行进一步处理,运用了层次分析法,并充分考虑了规划者在使用软件时对于影响因素与指标算法的偏好性,使得结果更加符合实际需求。

### (五)产业排名输出模块

通过采用"拟引入"的方法,将部分已有产业纳入引入模块的打分体系,从而获得包括所有产业在内的校正排名。这一排名结果为规划者提供了便捷的产业定位参考,有助于其更加精准地制定农业区域产业发展策略。

## 三、实测分析

由于前期在湖北省枣阳市进行过深入的规划工作,对当地进行了详尽的实地调研,并获取了最新的产业原始数据。在充分参考相关规划的基础上,以枣阳市农业"十四五"规划为目标,开展了产业优选研究。以下是软件运行的主要结果。

### (一)已有产业

选择了区域内具有一定规模的9类产业作为研究对象。经过严格的数据分析与加权处理,得出了一些有价值的研究成果。在这9类产业中,生猪养殖与蔬菜种植展现出了较强的主导能力，未来应得到大力扶持。对于粮食主产区，应稳定小麦产业的地位，而玉米种植与淡水鱼养殖则建议适当缩小规模。这些结论与国家政策以及区域的定性分析结果基本相符，进一步证明了本软件的实用价值。然而，值得注意的是，枣阳市蜜桃作为该区域重点培养对象，在已有产业的排名中却相对靠后，这需要进一步深入探讨其原因。

### （二）引入产业

实测中尝试引入三大产业以加速枣阳市现代农业的发展。软件分析显示，光伏发电作为生产清洁能源的产业，因其可以与众多农业设施配套发展，因此具有一定的引入价值。而涉农服务业作为第三产业，虽然一直存在于枣阳市规划区内，但由于多种客观因素，其地位一直较为弱势。

### （三）综合排名

生猪养殖与蔬菜种植在枣阳市具有最强的主导规模与潜力，而引入的两大产业也紧随其后。这意味着如果成功引入这些产业，可能会进一步增加枣阳市整体的农业竞争力。同时，在粮食主产区，应持续支持绿色小麦种植产业的发展，确保其稳定地发挥重要作用。

### （四）发展对策

在乡村振兴战略的实施过程中，产业融合与产业振兴战略受到二元经济、技术壁垒、土地政策、农业设施等诸多现实问题限制，而农业"新六产"的发展理念与新型业态的培育可以寻求突破点，为乡村振兴战略的实施提供助力。农业"新六产"理念在结合产业融合思路与"六次产业"的模式基础上，提出了一系列农业新型业态，减少了已有产业融合模式下存在的产业结构割裂状况，达到完善产业链、强化产业结构的目的。

综上所述，通过基于模型的软件运行分析，为枣阳市的农业规划提供了有价值的参考依据。未来，将根据这些结果进一步调整和优化枣阳市的农业产业结构，以促进其现代农业的健康发展。

## 四、可能的创新性

### （一）区域引入型农业产业分析

农业规划作为未来农业发展的战略蓝图，对于许多区域而言，通过引入新型农业产业，能够加速传统农业产业的转型升级，为农业现代化注入新的活力。因此，在优选方法的理论模型中，特别设置了区域引入型农业产业模块。鉴于该模块数据获取的困难性，巧妙地设计了专家打分模型，并结合模拟引入法，实现了引入产业与已有产业之间的优选比较，确保了决策的科学性和准确性。

### （二）规划预测类指标

在传统农业规划方法中，主导产业的选择往往受到规划者经验、地方领导意见及企业家偏好的影响。为了克服这一局限性，综合分析传统规划选择主导产业的参考特征，特别设计了规划预测性指标，如产业增长潜力、就业吸纳潜力、关联产业就业潜力等。这些指标充分考虑了前置规划或上级区域规划对本规划产业优选的指导作用，使得主导产业的选择结果能够综合多方意见，更具前瞻性和实用性。

### （三）无数据打分模块

在农业规划实际工作中，常常面临任务重、时间紧、数据收集不全等困难。为了确保软件运行的流畅性，特别设计了无数据打分模块。当已有产业分析的原始数据无法完整收集时，该模块能够自动启动，参考其他产业的结果对无数据已有产业的部分指标进行打分评价，从而保证了优选软件的正常运行和结果的准确性。

### （四）政策分析模块

农业规划工作具有高度的时效性，受到当前政策的重要影响。因此，在规划主导产业时，充分考虑到当下政策的导向。政策分析模块将政策进行了量化处理，针对产业的特征提出了区域相关性与政策重要性的评价方法，使得不同政策对产业的定量分析变得更为便捷和准确，为决策者提供了有力的支持。

## （五）偏好性处理

农业规划的目标因区域农业发展或区域总体发展而异，并非一味追求经济腾飞。很多时候，恢复生态环境、构建和谐社会才是其最重要的目标。因此，在理论模型中，在考虑各项指标（影响因素）权重的同时，也进行了偏好性处理。这样，能够得到更符合规划者需求的产业优选结果，确保规划目标的实现与区域发展的和谐统一。

# 第二节　研究展望

本研究的初衷在于开发一款简洁易用的软件，以满足农业规划的实际需求。在软件的设计过程中，力求在操作、算法和应用层面实现广泛的适应性，以便适应不同场景下的农业规划工作。需要强调的是，本研究所提出的理论方法和软件并非旨在替代其他成熟的产业优选方法，也不追求数据处理上的绝对精确性。它更多地是在农业规划初期，当规划者面临时间紧迫、任务繁重，难以全面了解规划区内产业情况时，为其提供一种有益的指导和辅助工具。

在研究过程中，引入了产业分析指标，但原始数据的获取确实存在一定难度。尽管部分数据可以通过无数据分析获得，但仍有改进的空间。由于数据不足，采用了打分法对产业进行评价，同时未来可以考虑利用更加全面的产业数据、各类产业特点、发展进程和管理模式来进行测评，以丰富评价手段。此外，还对政策进行了初步的定量分析，这一领域具有广阔的研究前景。

在区域主导产业优选时，不仅综合考虑了产业的经济、政策、社会和环境等多个因素，还使用了更完善的理论方法来进行区域产业的优选，构建了多层次多方位农业主导产业优选指标体系。然而，由于指标处理的复杂性，并未使用常见的比较优势指标，这需要在后续的研究中不断完善。

本研究采用的产业分析方法，如层次分析法和德尔菲法，虽具有一定的参考价值，但都存在计算分析产业的片面性。期待在后续研究中能够探索更合适的算法，或者综合多种数据处理方法，以提高分析的准确性和全面性。

实测结果表明，本研究设计的软件在功能上表现较为理想。然而，由于缺乏与其他主导产业优选方法的对比，使得本研究的方法和软件在相关问题的对比分析与深入拓展方面存在一定的局限性。未来，将努力完善这一环节，以便更全面地评估本研究方法和软件的性能。

此外，本研究还设计了政策分析模块，旨在对产业的相关政策进行定量分析。但在实际操作中，发现该模块的评价方法、内容以及作用都还有很大的提升空间。未来，将针对这些问题进行深入研究，以期提高政策分析模块的实用性和有效性。

总体而言，本研究虽然在某些方面取得了一定的成果，但仍有许多待改进和完善之处。期待在未来的研究中，能够不断克服这些挑战，为农业规划提供更加高效、准确和全面的支持和指导。

# 下篇

农业规划中区域现代化水平测算研究

# 第八章　绪　论

## 第一节　研究背景

### 一、全面推进乡村振兴，加快农业农村现代化

党的十九大正式提出乡村发展的总要求和奋斗目标——乡村振兴战略，随后发布一系列相关文件，标志着我国农村地区发展迎来新机遇，迎来机遇就要顺势而为，将乡村振兴战略贯彻到广大农村地区。2021年《中共中央国务院关于全面推进乡村振兴加快农业农村现代化的意见》指出，要坚持把解决好"三农"问题作为全党工作重中之重，把全面推进乡村振兴作为实现中华民族伟大复兴的一项重大任务。《中华人民共和国国民经济和社会发展第十四个五年规划和2035年远景目标纲要》为中国特色社会主义乡村振兴指明了路径，加快推进农村现代化建设，推进乡村振兴总体战略是完成乡村发展的首要任务。乡村振兴战略是我国农村脱贫后国家发展的又一关键战略，是建设共享型中国特色社会主义新时代的核心战略，是实现全面和均衡发展新型现代农村的重大举措。2021年至2023年的中央一号文件均强调加快农业现代化是全面推进乡村振兴的重点工作，但相比于新型工业、国防及科学技术等现代化，农业现代化始终是经济高质量发展的短板。农业现代化是伴随全面建设社会主义现代化的长期国家任务，动态评估农业现代化成为重要的学术主题之一。

### 二、开展区域农业规划研究，推进区域现代农业建设

在我国经济转型升级背景下，一个区域的农业现代化发展质量很大程

度上决定了区域经济发展的质量、效率、速度和可持续性。面对这些问题，许多地方决策显得力不从心，缺乏整体观和长远意识。要想使农业和农村快速、持续、健康发展，离不开农业和农村的发展规划，只有科学、合理地规划设计，才能理顺农业发展的思路，找到现代农业发展的途径，解决农业发展面临的瓶颈和问题。但长期以来，农村和农业规划滞后，规划研究和实践明显不能满足需要，"三农"问题的核心在农业，农业发展规划缺乏深入、系统的研究，没有形成自身的理论和方法体系，与现代农业的发展不相协调，农业现代化发展规划的相关问题有待进一步研究和探索。区域农业规划作为区域规划的重要组成部分，是对一定区域范围未来一段时期农业发展、农业资源开发和生产力布局所作的总体部署，也就是以农业生产为重点所进行的区域规划。其主要任务是基于区域主体功能定位，统筹谋划农业结构与空间布局，系统设计地区农业建设方案，增加农业供给的有效性和可持续性，促进种养加一条龙，贸工农、产加销一体化进程，实现农村社会、经济、生态三者和谐发展。近年来，我国各地区对区域农业规划编制的需求不断增长，规划类型也日益多样化，规划成果不断涌现。因此，积极开展区域农业规划研究，测算规划区内农业现代化水平，研判区域农业规划的新趋势、新特点，创新区域农业规划的理论与方法体系，对于扎实做好区域农业规划编制工作，优化农业资源利用，合理配置农业生产力，明确发展方向与重点，保护生态环境，推进区域现代农业建设具有重要的指导意义。

## 三、推动我国农业产业高质量发展，加快社会主义现代化国家建设

发展现代化的农业产业要坚持高质量的发展主题，抓好农业产业的质量和效益，升级传统农业的发展方式和提高农业的生产水平，扩大农业产业的生产规模，提高农产品的市场影响和拓宽农产品的出口渠道。新时代发展现代化的农业要坚持农业产业的高质量标准、绿色标准和品牌效应，健全农业产业的产业链，生产多样化的农产品来满足人民的多样化需求，通过发展规模化、科技化、市场化、国际化、信息化和标准化的农业，提高我国农产品的品质，走出一条属于我国农业现代化发展特有的道路。农业现代化作为现代化国家中的重要组成部分，是现代化国家的根基。习近平总书记强调没有

农业现代化就没有整个国家的现代化。发展现代化农业要坚持新发展理念，不断深化农业供给侧结构性改革，构建现代化的农业产业体系，实现农业现代化、工业化和城镇化的同步发展，为全面建设社会主义现代化国家奠定基础，农业现代化的建成速度和质量直接影响着现代化国家的建成质量。

# 第二节 研究意义

## 一、理论意义

农业是社会安定和国民经济发展的重要基础，自从农业现代化在中国提出以来，如何依托本国的资源禀赋实现现代化，如何在实现初级农业现代化的基础上提高农业现代化水平，这些一直是学术界研究的重点问题。诚然，在推进农业现代化建设的过程中，需要准确把握农业现代化的特征和内涵，建立一个科学严谨的测度体系，从而对各地区的农业现代化发展水平以及存在的问题做出正确的判断。因此构建适合研究对象的农业现代化测度指标体系对农业现代化进程的评估有非常重要的理论意义。第一，现代农业是在现代工业和现代科学技术基础上发展起来的农业，其建设离不开基础设施与先进技术的支持。故研究选取现代化生产体系、现代化绿色发展体系、现代化经营体系、现代化产业体系、现代化支持体系作为探究辽宁省现代化发展的破题点，指标体系内容全面，整个指标体系简明且有代表性。第二，研究从不同尺度测度了中国农业现代化发展水平。研究从"省—市—县"三级尺度测算辽宁省农业现代化发展水平，通过空间分析法探究其空间上的分异特征及分布趋势，找出一条适合区域发展的农业现代化路径，同时为各地方政府制定农业发展战略提供切实有效的参考。

## 二、现实意义

目前中国农业经济整体呈现出良好的发展态势，但是即便是在这种整体向好的大环境下也存在着不少的问题，农业经济发展方式的问题尤其突出，当前中国农业经济的发展在很大程度上建立在对自然生态环境破坏的基础之上，这严重违背了农业现代化发展的初衷。所以转变农业发展方式刻不容缓。客观全面地测度分析农业现代化发展水平，可以全面了解中国当前的农业发展基础，有助于找出适合中国国情的农业现代化发展路径。研究通过对区域农业现代化水平的测度分析，可以对近些年来该区域农业现代化整体趋势有一个比较全面的认识，可以结合当地的情况找出一条适合本地区发展的农业现代化路径，并且通过对中国农业现代化的变化特征及影响因素进行分析，可以深入了解中国农业现代化发展在哪些方面存在不足，有助于各有关部门找准问题的关键，对症下药。

## 第三节　研究目的

面对一系列涌现出的新产业与新业态，区域规划与农业现代化研究出现新的挑战和机遇，对规划区内农业现代化测度显得至关重要，区域农业现代化发展路径要立足区域实际状况，结合农业现代化相关理论与绿色发展理念所提出的理论框架，既是对区域建设现代农业产业实现路径的思考，也是开展区域农业现代化发展水平测算的理论基础。其主要包括农业现代化要素与农业现代化发展五大体系，核心要义在于以农业现代化要素不断投入，促使农业现代化五大体系之间相互演进、互相反馈、相互支撑，从而推动传统农业产业向现代农业产业转变。

# 第九章 农业规划中区域现代化水平测算研究进展

## 第一节 国外关于农业现代化的研究

### 一、对现代化基本概念的研究

人类学家曼宁·纳什认为，"现代性"是一种社会的和心理的结构，并从传统性的联系和区别中解释现代性的内涵。从安德鲁·韦伯斯特对现代性的价值观、社会制度和创新意识三方面分析可以看出，立足于"现代性"角度理解现代化会使现代社会与传统社会相比的特性几乎无所不包。赖肖尔1965年1月在日本《自由》杂志上发表《什么是现代化》一文认为，现代化是在现代社会中正在进行着的重要的变化。塞缪尔·亨廷顿认为，现代化是一个包含了人类思想和行为各个领域变化的多方面进程。美国新泽西州立大学社会学教授戴维·波普诺在其《社会学》一书中写道，现代化则指较为典型地发生在传统的前工业社会的工业化和城市化过程中的一种广泛的内在社会变革。美国学者吉尔伯特·罗兹曼等人在其《中国的现代化》一书中所说，"我们把现代化视作各社会在科学技术革命的冲击下，已经历或正在进行的转变过程。已实现现代化的社会，其经验表明，最好把现代化看作是涉及社会各个层面的一种过程"。这些还经常被视为现代化过程的本质特征或决定性因素，其包括国际依存的加强，非农业生产尤其是制造业和服务业的相对增长，出生率和死亡率由高向低的转变，持续的经济增长，更加公平的收入分配，各种组织的增加、技能的增强及更加专门化，官僚科层化，政治参与大众化以及各级水平上的教育扩展，此外，所含因素还能大大增加。究竟有多少因素应当涵盖进去，究竟各种指标的相对比率又应当定在什么水平上，对此尚无一致的认知，对现代化的考察应广泛涉及国际环境、政治结构、经济发展、社会整合和科技进步等方面。现代化是人类历史上最剧烈、最深远并且显然是一场无可避免的社会变革。

## 二、对农业现代化基本概念的研究

随着农业发展水平的不断提高，国内外学者对农业农村现代化的认识也是随地区经济社会发展、农业生产水平进步、技术进步等情况的变化由浅到深，不断丰富农业农村现代化的内涵。

国外关于农业现代化的研究起步较早，李斯特提出，农业现代化是一个复杂的结合改造过程，将农业与制造业相结合，进而再与商业结合，形成复杂化、专业化的农业发展模式。托达罗的观点与李斯特具有相似之处，认为农业要想现代化就要走专业化道路。刘易斯认为农业现代化的进程是劳动力转移的过程，从而打通传统农业与现代工业的发展道路。而在舒尔茨看来，在农业建设方面，应以改造传统农业为主，即从生产要素角度考虑为传统农业投入现代技术。Tu li et al.（2014）对印度的农业状况进行了研究，指出一个国家在实现农业现代化过程中，实现方式与路径起着关键的作用，其中新一代信息与通信技术为印度农业发展指明了新方向与新路子，但还待开发，这对农业现代化的实现提供了技术指导。

## 三、对农业现代化问题进行的研究

英国是工业革命的发源地，最早实现了工业化，最早用现代科学技术装备和改造传统农业，19世纪下半叶成为农业现代化的先行者。20世纪40年代，第二次世界大战之后，大部分发达国家相继实现了农业现代化。到了20世纪50—60年代，不少发展中国家开始引进发达国家的先进农业技术，学习发达国家的经营管理经验，促进本国农业现代化进程。国外关于农业现代化问题的理论研究，大体可划分为以下几个阶段。

## （一）20世纪50年代以前关于农业与工业、城乡关系的研究

西方学者很早就开始关注和研究工农业关系以及城乡关系问题。亚当·斯密在《国富论》中，从比较效益的角度提出工业由于比较效益高会吸引人口集中到城市，影响农业和农村的发展。杜能在其著作《孤立国同农业和国民经济的关系》中，从空间和区位的角度分析了农业和国民经济的联系。1898年霍华德在其发表的《明日的田园城市》中分析了工业化过程中的城乡关系问题，提出了城乡结合的发展道路，重视城乡的协调发展。值得指出的是，1849年马克思和恩格斯在分析城市化发展动因及本质的过程中，揭示了城乡对立的关系。

## （二）20世纪50—60年代之后的"刘—费—拉"模型

第二次世界大战之后，随着发展经济学的兴起，一些发达国家的经济学家开始重视和研究发展中国家的经济发展问题，对发展中国家农业和农村现代化进行了一系列研究，最为典型的就是著名的"刘—费—拉"模型。"刘"是指阿瑟·刘易斯，诺贝尔经济学奖获得者，美国著名经济学家。他于1954年在《劳动无限供给条件下的经济发展》一文中提出，要解决发展中国家的"二元结构"问题，关键在于解决好农业剩余劳动力的转移问题，即转向其他产业部门。"费"和"拉"，是指美国著名经济学家费景汉和拉尼斯。他们对刘易斯的理论做了进一步发展，对发展中国家采用什么样的途径措施、采用什么样的体制机制，从而完成由农业社会向工业社会的转变，实现农业现代化和工业化，进行了比较系统的研究。因此，被学术界誉为"刘—费—拉"模型。

## （三）舒尔茨的农业现代化理论

应该指出，美国著名经济学家舒尔茨，也是诺贝尔经济学奖获得者，他不同于"刘—费—拉"主要从农业的外部关联去研究农业发展，而是真正深入到农业内部，系统研究传统农业往现代农业的转型问题，也就是系统研究农业现代化问题。他在《改造传统农业》一书中提出了发展中国家实现农业现代化的必然性、条件和路径，并提出了一系列有益的意见和建议，诸如要对农民进行教育和培训，开展人力投资；关于建立家庭农场体制、改革土地制度、建立市场机制；重视引入和投资发展新的现代农业生产要素等。

### （四）20世纪60—70年代以来关于农业和农村现代化问题的研究

在这个时期，比较有影响的是罗斯托的发展阶段论，分析了在经济起飞之前农业生产快速增长的重要意义。同时需要指出的是，在这个时期，西方经济学家主要对农业产业的现代化问题进行研究，但已经认识到农业现代化离不开农村的发展和现代化，农业现代化和农村现代化是密切联系在一起的，不可分割的。以法国《农业现代化法》来说，包括了农村发展和农业现代化的广泛内容。也就是说，国外学者是将农业现代化和农村现代化紧密联系在一起进行研究的。

## 第二节 国内关于农业现代化的研究

### 一、对现代化基本概念的研究

梁桂全和郁方（1999）认为，现代化是通过知识革命、技术革命、文化变革和社会改革，促使人类不断走向解放的历史过程，直接表现为由传统社会到现代社会的进步性历史变迁。从18世纪以来，人类社会发生了4次现代浪潮，第一次发生在18世纪中下叶到19世纪上半叶，在英、法老牌资本主义国家产生了以蒸汽机应用为标志的工业革命；第二次是19世纪中下叶到20世纪上半叶，工业革命向西欧中心地区和北美扩散，以电气技术的应用为标志，形成第二次现代化浪潮；第三次发生在第二次世界大战后到20世纪下半叶，现代化由欧美向世界其他地区扩散，成为世界性历史进程，以电子技术为标志的第三次现代化浪潮，人类社会进入电子化时代；第四次是20世纪末期，以信息技术应用和知识革命为标志的现代化浪潮，将把人类带入知识经济时代。

有理由认为，现代化作为一个概念，既是一个时间概念，也是一个动态变化的概念；作为一个过程，既有时间特征，也有变化的特征；需要从时间和变化的含义与特征中把握，这样才能理解现代化是社会状态在现代的变化或社会向现代状态的变化。

## 二、对农业现代化基本概念的研究

20世纪50年代，国内开始关于建设农业农村现代化的讨论，认为农业农村现代化主要通过农业生产条件和手段的现代化来实现。1953年毛泽东提出在我国农业的发展过程中，应通过让个体的农业发展转变为集体的农业，利用各种基础设施来完善农业的发展，实现我国农业的更好发展，推动整个现代化进程。农业现代化是用工业技术装备的、受实验科学指导的、产加销一体化的商品性农业产业，其一般特征是，普遍使用现代化的工具，有很高的劳动生产率，广泛运用现代科学技术，有很高的土地生产率和适应市场需求的产品结构和品质结构。牛若峰（1999）认为普遍实现了农业的企业化管理，相当多的产品和行业实行了产供销一体化、种养加一条龙，有很高的商品率、总体效率和经济效益。

进入21世纪，随着我国农业进入一个新的发展阶段，国内学者对农业现代化的内涵有了新的认识，不少学者从发展现代农业的角度来研究农业现代化的内涵和特征。顾益康（2001）认为，农业现代化是用现代工业装备农业，用现代科学技术支撑农业，用现代工业装备农业，用现代管理方法管理农业，用现代社会化服务体系服务农业，用现代科学文化知识提高农民素质的过程；是建立市场化的农业运行机制和高产优质高效农业生产体系，把农业建成具有显著经济效益、社会效益和生态效益的可持续发展的现代产业的过程；也是大幅度提高农业综合生产能力，不断增加农产品有效供给和农民收入的过程。卢良恕（2004）认为，现代农业的核心是科学化，特征是商品化，方向是集约化，目标是产业化。从国内外实践看，现代农业是持续地、广泛地应用现代科学技术、现代管理和现代工业装备的专业化、社会化、集约化产业，是把生产、加工和销售相结合，把产前、产后和产中相结合，把生产、生活和生态相结合的一体化的高效率与高效益的综合性产业。柯炳生（2007）认为，发展现代农业是实现农业现代化的重要途径，他提出了建设现代农业的四大目标，并提出现代农业的衡量指标是资源产出率、劳动生产率、产品质量与安全性和资源利用率。认为发展现代农业对于保障国家粮食安全、保护消费者健康、促进农民增收、提高农业国际竞争力、保护生态环境都有重要意义。蒋和平和黄德林

（2006）在全面回顾总结了现代农业的理论缘起后系统地阐述了现代农业的内涵、特征和类型，认为现代农业实质上是指在国民经济中具有较高水平的农业生产能力和较强竞争能力的现代产业，它是不断引进新的生产要素和先进经营管理方式，用现代科技、现代工业产品和现代组织制度和管理方法来经营的科学化、集约化、市场化、社会化、标准化和生态化的农业，并且指出现代农业的内涵和范畴是动态的、历史的和相对的。

## 三、对农业现代化问题进行的研究

对我国农业现代化路径、模式和对策选择的研究。20世纪90年代中后期，余汉新（1993）对中国农业现代化建设进行了理论分析和对策研究，邹继业（1998）对我国社会主义现代化建设进行了论述。进入21世纪以来，白跃世（2003）、刘立勇（2005）、宁新田（2010）先后对中国农业现代化路径、道路进行了研究和分析，黄宁莺（2004）对中国农业现代化的制度选择进行了探讨。

对我国农业现代化进程中的问题研究。王培先（2003）在对农业现代化微观基础进行研究的基础上提出适度规模经营是我国农业现代化的微观基础，袁军宝（2009）对我国农业现代化进程中的农户兼业经营问题进行了研究，赵立秋（2011）对中国农业现代化发展的技术支撑体系构建进行了研究，柳晓冰（2011）对农业现代化进程中的科技人才培养机制进行了研究，杜宇能（2013）对工业化、城镇化农业现代化进程中的国家粮食安全问题进行了研究。

关于农业现代化与工业化、城镇化关系及农业现代化影响因素的研究。张明亮（1995）较早研究了中国农村工业化与农业现代化协调发展问题，彭艺（2012）则对新型工业化促进农业现代化的机理模式和对策进行了研究，郑文兵和仲笑林（2005）研究了中国农村劳动力转移对农业现代化途径选择的影响，曹卫芳（2013）就农业保险对我国农业现代化发展的作用进行了经济学分析。

## 第三节　农业现代化的理论基础

由传统农业向现代农业转变，一直是各国农业经济学家特别是发展经济学家关心的议题。自亚当·斯密以来，很多经济学家从理论上探讨农业的发展，提出了很多农业经济发展理论，对发展中国家实现农业现代化提供了理论上的指导。对于正在进行特色农业现代化建设的中国，需要从本国国情出发，借鉴发达国家和发展中国家农业现代化建设的发展经验，利用现有农业发展的理论来指导我国农业现代化的建设。

### 一、现代农业产业论

自亚当·斯密在《国富论》中将分工看作国家经济发展的一个关键因素以来，随着分工的深入发展和生产力水平的提高，农业作为一个基础产业也不断经历着认识演化的历程。

美国学者汉密尔顿和德国学者李斯特提出产业保护理论，主张对本国具有潜在比较优势和发展前途的幼稚产业进行保护，以逐步扶持其国际竞争能力。20世纪30年代美国学者瓦西里·里昂惕夫创立投入产出经济学。他认为不同产业部门之间在生产投入中存在相互依赖关系，产业关联程度越高的产业，其在国民经济中的地位就越加重要。从现代农业产业分析，欧美等发达国家都是以农立国，现代农业是国民经济中最基础的产业。

所谓现代农业产业，是指以一定的农产品生产经营为基础，为满足特定市场需求而进行的一切活动的总和，是农业内部各个子系统从供应、生产、加工、销售各环节分工合作，密切联系，同时各子系统之间相互联系相互作用能实现农业产前、产中和产后所形成的有机整体，是农业产业横向拓展和纵向延伸的有机统一，其横向的产业主要由粮食产业、经济作物与园艺产业、水产业以及生物质能等新兴产业构成，其纵向的产业主要由农业的产前、产中、产后3个环节所形成相关产业构成，如农产品加工业、农业服务业等。一般认为现代农业产业具有以下特点：一是完善而发达的农业产业组织体系；二是现代科学和技术得到广泛的应用；三是现代农业产业市场体系日益完善；四是现代农业产业具有高度专业化和社会化水平；五是现代农业产业需要一体化经营。

积极发展现代农业，推进农业结构战略性调整，以市场需求为导向、科技创新为手段、质量效益为目标，构建现代农业产业。构建现代农业产业的主要任务是，按照走中国特色农业现代化道路的基本要求，在推进农业现代化进程中，必须着力构建现代农业产业，不断拓宽农业内涵和外延，优化农业产业结构，拓展农业产业领域，提升农业产业竞争力。

## 二、城乡统筹与和谐发展论

关于城乡统筹与和谐发展，西方经济学家多有论述，考察一个国家经济发展过程中工业和农业、城市和农村的关系，比较有代表性的包括马克思、恩格斯、刘易斯、费景汉、拉尼斯、哈里斯和托达罗等。

马克思、恩格斯在批判吸收圣西门、傅立叶和欧文等空想社会主义学者"和谐社会中是没有城乡差别和城乡对立的，城市不是农村的主宰，乡村也不是城市的附庸，二者是平等的"观点基础上，认为社会不是固化的城乡分裂，而是城乡在新的基础上平衡、协调，即实现城乡融合。所谓城乡融合，就是"结合城市和乡村生活方式的优点而避免两者的偏颇和缺点"。在这里，恩格斯首次提出了"城乡融合"概念，恩格斯指出，"通过消除旧的分工，进行生产教育，变换工种，共同享受大家创造出来的福利，以及城乡融合，使全体成员的才能得到全面的发展"。这是城乡统筹发展终极目标，恩格斯进一步指出实现这一目标的两个标志，一是工人和农民之间阶级差别的消失，二是人口分布不均衡（指城乡之间）现象的消失。当然，达到城乡融合是一个漫长的社会历史过程，不能设想这种对立的消灭是一蹴而就的。

美国发展经济学家刘易斯认为发展中国家的经济结构是典型的二元经济结构，传统落后的农业部门与现代的工业部门并存。工业部门是经济发展的主导，农村中的传统农业只是被动起作用。农业生产率的提高是工业化的前提条件，农村对经济发展的主要贡献只是为工业扩张提供无限丰富的劳动力。经济发展分为两个阶段，在第一阶段中，由于工业资本不多，无力吸收全部剩余劳动力。因此无论对劳动力需求怎样扩大，总能在不变的低工资水平上得到源源不断的劳动力供给。进入第二个阶段，出现资本加速积累和迅速吸收剩余劳动力的增长时期。直到传统农业部门中的剩余劳动力被完全吸收到现代工业部门中，二元结构变成了一元结构。在现实世界中，农业和工业的劳动生产率差距扩大，产生了农业贫困问题，农民收入水平持续下降成为影响社会稳定的一个根源。发展经济学家对此开始进行反思，主张以工补农、城乡统筹和谐平衡发展。

20世纪60年代，费景汉和拉尼斯在运用微观经济学基本理论和计量经济学的基础上，对刘易斯的"二元结构模型"进行了修正。把二元结构的演变分为3个阶段，在第一阶段农业劳动力的供给为弹性无限大。第二、第三阶段中，农业部门也逐渐出现了剩余，可以满足非农业生产部门的消费，从而有助于劳动力由农业向工业转移。认为在工业化过程中必须保持农业生产率的同步提高，以此来增加农业剩余和释放农业劳动力。一个劳动力从农业部门转移到工业部门，就产生了一个农业剩余，转而可能作为工业发展的一项投资基金。农业剩余是由于劳动密集型技术改进提高了生产率的结果。

20世纪中期，很多欠发达国家都存在城市普遍的失业，乡村人口却不断地向城市移民。哈里斯和托达罗为了解释这种现象，提出了自己的理论，认为农村劳动力之所以会向城市转移，并不像经典模型所设想的那样，是由于农业剩余劳动力的边际生产率为零，而是因为城市和农村之间的预期收入存在极大的差异。当预期的城市工资收入超过农村的工资收入时，农村劳动力向城市的转移将不可避免地持续下去。同时指出，发展农村经济，提高农民收入是解决城市失业、实现城乡统筹和谐发展的根本途径。

自20世纪90年代开始，工农关系、城乡关系成为全社会关注的重点问题之一，在实际发展认识过程中，国内的专家学者对于城乡统筹与和谐发展的形成有很多观点。有的认为城乡统筹的基础是产业配置，城乡统筹主要从规划统筹、产业统筹、公共服务统筹、基础设施统筹以及劳动就业统筹5个方面讲，这5项里面基础是产业，没有产业的发展一切统筹无从谈起，有产业的发展才能解决亿万农民的就业问题，才能解决亿万农民的增收问题，才能解决经济社会繁荣的问题。也有的认为城镇化、工业化发展一定不能偏离农业现代化，城乡统筹不能不重视农业。还有的认为城乡统筹的重点应该放在农村剩余劳动力的转移上，转移农村剩余劳动力是统筹二元结构的根本路径，局限于通过反哺农业大幅度提高农民收入是不太可能的。

城乡统筹与和谐发展就是把城市、农村经济和社会发展作为整体统一规划通盘考虑；把城市和农村存在的问题及相互关系综合起来研究，统筹加以解决，使城市和农村实现和谐发展。其实质是通过城乡产业融合，彻底打破城乡二元结构，不断增强城镇对农村的带动作用和农村对城市的促进作用，形成城乡互动共进、和谐发展的格局。最根本的是要调整国民经济的发展和分配格局，建立以工促农、以城带乡的长效机制，形成城乡经济社会发展一体化新格局，统筹工业化、城镇化、农业现代化建设。

### 三、工业反哺农业、城市支持农村论

根据马克思的剩余价值论发展起来的剩余理论，是与工业反哺农业、城市支援农村密切相关的概念。所谓剩余是超出劳动者个人需要的生产量，剩余是经济积累和社会发展的前提和基础。发展经济学家将剩余价值理论和社会经济发展联系起来，考察在经济发展过程中不同经济部门之间的关系。如果只有工业和农业两个经济部门，一般情况下工农业的发展要经历3个阶段，第一阶段是工业吸取农业的剩余以启动发展阶段，形成农村支持城市、农业支持工业的"以农补工"模式。第二阶段是工农业依靠其自身积累平等发展阶段。第三阶段为工业反哺农业、城市支援农村的阶段，工业剩余流回农业。

## 第四节　主要评价方法

农业现代化定量评价分析不仅需要一套科学合理的指标体系，还需要一个科学的评价方法对其进行评价。有关评价方法的研究也是百花齐放、百家争鸣，国内并没有一套统一的评价方法。如表9-1所示，目前国内常见的农业现代化评价方法包括多指标综合测度法、参数比较法、模型法、人工神经网络法4种。

表9-1 常见评价方法比较

| 评价方法 | 优点 | 缺点 | 适用范围 |
| --- | --- | --- | --- |
| 多指标综合测度法 | 定量与定性相结合，比较系统全面 | 计算量较大，步骤烦琐 | 适用范围最广 |
| 参数比较法 | 有利于学习和借鉴国际农业现代化发展成功经验 | 不同地区农业发展模式差异较大，评价结果意义不明显 | 适用于有标杆的评价对象 |
| 模型法 | 客观，操作简单 | 评价指标之间的相关性可能会影响结果 | 有一定量的样本单位 |
| 人工神经网络法 | 既可以很好地模仿专家评分的偏好和特点，又相对客观 | 在拟合数据时，网络隐含层的层数和单元数的选择缺乏理论支撑 | 适用于信息冗余度较低的评价对象 |

## 一、多指标综合测度法

多指标综合测度法来源于层次分析法，是目前学界应用最为广泛、评价结果最被认可的一种农业现代化发展水平的评价方法，现有成果中利用这种方法对于农业现代化发展水平的测度既有针对全国总体水平的研究，也有具体到某个省份或是县域的研究，研究视角非常广泛。多指标综合测度法主要通过构建评价指标体系，再根据各个指标之间的关系确定层次指标内容并对各个指标进行加权平均处理，得到对一个地区农业现代化发展水平的综合指数。比较早期的成果有，郑兴和等（1997）拟定投入与产出两方面11项主体指标、32项群体指标对山东省农业现代化进行阶段性研究；单玉丽（1998）选用农业生产发展水平、农业经济发展水平等6个主体指标、22个群体指标对福建省农业现代化水平进行阶段性评价。近期的成果有，许佳贤等（2009）等采用因子分析和聚类分析的方法对福建省农业现代化水平进行分析，找出影响农业现代化发展的因子，进而对农业现代化发展进程进行评价；林英华和李红（2010）选取单位耕地面积农机总动力等10个指标，采用因子分析法对聊城市的农业现代化水平进行定量分析；王淑英（2011）选取经济发展水平、科技发展水平、农民生活水平和农业生态化水平等构建评价指标体系，并运用灰色定权聚类方法，对河南省108个县的农业现代化发展水平进行评价。此外，沈琦和胡资骏（2012）对现有农业现代化评价指标体系修正时也使用了聚类分析、主成分分析等方法。

## 二、参数比较法

参数比较法多从比较社会学等学科的视角，通过可比性指标的比较来评价农业的发展进程，采用统计学中的相对数、平均数来解决多变量指数问题。同时，针对地域实情，参考历史数据及国外发达国家的实例，给出具体的测度结论。如高明杰（2008）等通过农业科技水平、机械化水平等4个方面的指标进行比较分析，对比了中国农业在各个方面与发达国家农业存在的差距；王国升等（2006）基于农药使用量、化肥投入等指标，采用宏观分析与农户调查相结合的方法，对中国东、中、西部地区农业现代化发展水平差距与问题进行了比较分析。

## 三、模型法

建模者的立论基础是：农业现代化的本质是农业科学技术的现代化，因而主张通过计算科技进步在现代农业发展中的作用来测度农业现代化进程。这种方法以资金、劳力等为参数，经过微分、线性变形、时间序列分析及多元回归来分析资金、劳力、科技对农业生产的贡献，从而测度地域农业现代化水平。单胜道和尤新建（2002）在对浙江省新昌县的农业现代化发展水平进行评价时即采用模糊综合定级法建立了一个农业现代化发展水平评价模型，并利用该模型做出评价。

## 四、人工神经网络方法

20世纪40年代，随着神经解剖学、神经生理学以及神经元的电生理过程等研究取得突破性进展，人们对人脑的结构、组成及最基本工作单元有了越来越充分的认识，在此基本认识的基础上，综合数学、物理学以及信息处理等学科的方法对人脑神经网络进行抽象，并建立简化的模型，称为人工神经网络（Artificial neural network，ANN）。作为一门活跃的边缘性交叉学科，神经网络已经提出上百种的神经网络模型，而且已在很多领域和部门获得了实际的应用。在经济领域，主要应用于投资决策的分析与评估、农业发展水平评价等方面。陆相林（2007）尝试运用人工神经网络建立SOFM网络对山东省17个地（市）的农业现代化发展水平进行分类区划研究。赵红巍和吕杰（2013）对辽宁省14个地区农业现代化发展现状的研究也应用了人工神经网络方法，通过对主成分的分析获取了能全面衡量农业现代化进展程度的新指标，并将其应用于BP人工神经网络，建立农业现代化发展现状综合评价体系，对辽宁省各地区农业现代化发展现状进行综合评价。

## 第五节　主要指标体系的构建

评价农业现代化的发展现状和发展水平，建立科学的评价指标体系是重要的基础。我国宏观经济管理部门和学术界对农业现代化指标体系设计和评价方面的研究不断深入。

### 一、体系设计的基本原则

从对现有文献的检索来看，目前国内农业现代化水平的研究者们对于指标体系的设计遵从了相似的几条原则，如代表性、独立性、易操作性、系统性、可比性等。但由于采用的方法和工具的差异，原则拟定又有一定的区别，如崔惠玲和周洪禄（2000）认为构建指标体系时应从现实出发，又要能够把现阶段农业现代化新的内涵以及未来发展的趋势融于其中，因而在其他原则之上追加了现实性和趋势性原则。谭爱花等（2011）也有类似的考量，因而追加了时代性、导向性等原则。在原则确定上最为全面的是徐星明和杨万江（2000），他们在研究中提出的建立我国农业现代化进程评价指标体系的十大原则，基本上包括了其他人提出的原则。

### 二、体系设置的方法

现有的指标体系中绝大部分采取了综合指标法设置指标体系，即将整个评估体系分为综合性指标、主体指标和群体指标3个层次，如辛岭和郝汉（2022）认为评价指标体系应当包括反映农业现代化生产手段方面的指标组、反映农业现代化产出水平方面的指标组、反映农业现代化农村社会发展水平方面的指标组和反映农业现代化可持续发展水平方面的指标组，他们借鉴国内一些学者的研究，参考了世界银行、联合国粮农组织、欧盟、美国等一些组织和国家评价农业现代化的指标和衡量标准，参照数据的可获得性，经过各方专家的意见和建议，建立了一个4项准则指标和10余项个体指标的指标体系，用来评价中国农业现代化发展水平。沈琦和胡资骏（2012）认为现有的农业现代化指标体系存在指标数量偏多、权重确定过于主观等问题，由此提出了利用SPSS软件先将现有指标体系所有指标进行聚类分析，再运用主成分分析方法进一步筛选指标，并运用因子分析法计算综合评价指数，最终与标准值进行对比确定农业发展具体阶段的修正方案。但他们的指标体系设计仍然使用了分层设置的方法。

也有研究没有采取分层设置指标而是采取了其他的指标设置方法，如辛岭和郝汉（2022）采用动态评价法选取一定时段的数据对中国农业现代化发展的5个阶段赋值，测算评价了2000—2020年我国农业现代化发展阶段的总体水平。傅晨（2010）对广东省1999—2007年农业现代化发展水平的评价，采取了设置10个指标并将其与标准值比较直接计算达标率，进而计算农业现代化综合得分的方法。

## 三、具体指标体系设置

陈春霞（2009）在一篇综述中基于拟定主体将国内目前有关评价指标体系分为三大类：第一类是带有宏观指导性质的指标体系，这类指标体系的研究一般是由国家级或部级研究机构开展，目的是宏观指导各地的农业现代化建设，代表性的是农业部农村经济研究中心和国家统计局统计科学研究所的指标体系；第二类是各地方政府主导制定的指标体系，目的是指导当地农业现代化建设，代表性的是1995年广东省农村研究发展中心"广东省农业现代化"课题组和山东社会科学院农村发展研究所等机构的指标体系；第三类是相关专家、学者在自己的研究中提出的指标体系，目的是对区域农业现代化水平进行评测或为研究提供理论支撑。这种基于拟定主体的分类概括性较强，可以将不同的指标体系快速归置到几类主体之下，但在为其他的指标体系研究者提供资料参考和设置依据方面则不具有较强的参考价值。

比较合理的方法是基于指标体系的内容或版块对已有的成果进行梳理。文献分析可见，具体版块和具体指标的设置因研究者们对农业现代化的理解差异而有所不同，但大都包括如下几个方面：一是农业生产条件，主要衡量指标包括耕地有效灌溉率、农机总动力、化肥使用量等；二是农业科技水平，主要衡量指标包括农业机械化率、科技进步贡献率、劳动力文化水平等；三是农业经营管理水平，主要衡量指标包括农业组织化程度、农产品商品化率等；四是农民生活质量，主要衡量指标包括恩格尔系数、农民人均纯收入、转移农村劳动力数量等。也有研究者从技术、要素、功能等方面定义现代农业。近期的指标体系开始更多地考虑生态、资源与农业的可持续发展，所以在相应的指标体系中设置了农村生态环境和农业可持续发展等方面的相关指标，如农业废弃物综合利用率、灌溉用水利用系数等。

### 四、指标权重的确定

鉴于既有的成果中绝大多数研究者采取分层设置指标并计算综合得分的综合指标法，因此，指标权重的确定就成为一个至关重要的环节，每一个具体指标对农业现代化的影响程度的不同关系到以后的具体计算和结果的科学有效性，权重确定的方法也便成为研究者们绕不过的一个问题。

农业现代化指标权重的确定有很多方法，在早期的研究中，层次分析法（AHP）、德尔菲法等主观赋权法是大家确定指标权重时惯用的方法，虽然比较简便也有一定合理性，但却因主观性较强而饱受诟病。因而，客观赋权法开始受到人们的青睐，如变异系数法（Coefficient of variation method，CVM），它直接利用各指标所包含的信息，通过计算得到指标的权重，不依赖于人的主观判断，因而客观性较强。刘海清（2009）在确定指标权重时即采用了客观赋权法中的变异系数法。近期的研究中，主客观结合的方法更多地被采用。辛岭和蒋和平等（2010）选用专家调查法与系统综合目标分层加权相结合的方法来确定指标体系权重。

## 第六节 目标值或标准值的确定

目标值或标准值的确定直接关乎对农业现代化水平测度的科学有效性，

因为目前几乎所有这方面的研究都最终要通过现代化得分与目标值的对比来反映某地农业现代化的具体水平和差距。在现有的成果中，大家在确定目标值或标准值时最主要的做法有如下几点：一是参考权威的国际或国内标准，国际标准被参考最多的是联合国、世界银行等国际机构的标准和英克尔斯现代化标准；国内标准被广泛参考的是各种国家发展规划、党和国家政策文件中提出的标准，如傅晨（2010）采用了党的十七届三中全会《中共中央关于推进农村改革发展若干重大问题的决定》中提出的标准。二是参考当地政府和规划部门制定的发展规划标准，如刘海清（2009）就参考了农业部和海南省政府在北京签订的《关于共同推进海南国家热带现代农业基地建设合作备忘录》与中共海南省委五届四次全会的相关精神和规划。三是参考权威研究部门或权威专家制定的标准，如胡善清等（2010）确定山东省农业现代化进程指标标准值时参考了中国农业科学院农业经济与发展研究所确定的标准。四是结合当地农业现代化发展的具体情况，如郑兴和等（1997）评价山东省农业现代化水平时参考了山东省"九五"及2010年远景规划目标并依据"八五"以来社会经济发展已达到的速度和水平来确定指标的标准值。

文献检索发现，目前目标值或标准值的设定相对不太规范，标准也有较大差异，众多的研究者们采取了比较模糊的做法，而没有对这些值的确定做出明确说明，其原因一方面缘于现代化进程的动态性，要求有动态的目标值与之匹配，农业现代化发展的区域差异要求根据现实条件有不同的目标设定；另一方面也反映了各方对农业现代化具体发展趋势的预测差异。

## 第七节　CiteSpace可视化分析

### 一、研究方法与数据来源

#### （一）研究方法

基于中国知网数据库的文献检索结果，采用聚类、时间线等CiteSpace

可视化分析方法，呈现出国内农业现代化研究的现状，探索农业现代化领域的发展趋势，分析国内农业现代化研究在不同的发展阶段和热点趋势等方面的异同，以期给予我国农业现代化发展新启示。CiteSpace是基于共引理论和寻径算法的可视化软件，通过对某一领域内文献的计量分析，以知识图谱的形式展现该领域发展的时间脉络和特殊的发展拐点。聚类视图可以展示出研究领域内各聚类间的结构、关键节点，时间线视图则可以展示聚类内研究成果的演进过程和聚类之间的联系。

### （二）数据来源

研究数据来源于中国知网数据库，检索方式为"高级检索+期刊"，以"主题词=农业现代化+中国农业现代化+现代化农业+中国式农业现代化；时间=2009—2023年；期刊来源类别=核心期刊+CSSCI"精准匹配检索，文献检索结果为5 330篇。为保证分析文献的学术性，删除论坛征稿、会议通知、书评等文献，以Refworks格式导出文献。

## 二、国内农业现代化的研究热点

通过对中国知网（CNKI）2009—2023年的农业现代化相关成果进行聚类时间线分析，呈现我国农业现代化的发展历程。整体上我国对于农业现代化的研究呈现稳步前进、大步追赶的态势，在农业强国、乡村振兴、现代农业、城镇化等方向均有一定成果。相关研究集中出现在2013年以后，此时国内农业现代化建设也开始进入了繁荣期，研究分支的细化与深度也达到了新的阶段。

## 三、国内研究热点分析

我国农业现代化建设的逻辑与国外不同，从世界范围看我国农业现代化建设起步不算晚，但是研究相对滞后。通过各研究聚类按照时间序列进行整理，并结合我国农业现代化建设的成果，将国内农业现代化的既有研究归纳为四大类别（表9-2），更好地展现我国农业现代化的研究现状。

表9-2　国内农业现代化研究的聚类内容

| 分类 | 子聚类 | 平均年份 | 聚类关键词 |
| --- | --- | --- | --- |
| Ⅰ | #0城镇化 | 2009 | 三化同步、互联网+、产业结构、产业部门、三农 |
| | #1乡村振兴 | 2010 | 协调发展、产业链、数字农业、脱贫攻坚 |
| | #2现代农业 | 2013 | 生态农业、粮食安全、共同富裕、数字乡村 |
| Ⅱ | #3启示 | 2014 | 绿色发展、供给侧创新发展 |
| | #4土地流转 | 2015 | 农村金融、协同创新、设施农业、人口流动 |
| | #5指标体系 | 2016 | 农业转型、家庭农场、县域、三权分置 |
| Ⅲ | #6农民收入 | 2017 | 传统农业、农民增收、脱钩指数 |
| | #7农村 | 2018 | 生态文明、城乡统筹、资源配置、农地确权 |
| | #9农业院校 | 2019 | 农业发展、路径选择、资本下乡、农业强国 |
| Ⅳ | #10内容提要 | 2020 | 农业经济、改革、服务业 |
| | #12粮食自给 | 2021 | 农业大学、以色列滴灌技术 |
| | #8农业强国 | 2023 | 农业生态比较优势、扶贫开发、发展格局 |

## （一）乡村振兴与现代农业（类Ⅰ）

我国学者对农业现代化的研究更多聚焦于乡村基本公共服务、基础设施建设以及农业科技创业等方面的发展，以乡村振兴着力推进社会主义新农村建设，基本实现乡村公共服务覆盖更加广泛、基础设施建设更加全面、农业科技创新更具影响的乡村治理现代化。为此，2023年中央一号文件着重强调，要举全党全社会之力全面推进乡村振兴，加快农业农村现代化。

## （二）农地流转与三权分置（类Ⅱ）

我国农村经济建设主要以户为基础进行农地经营，在当前农地经营发展模式之下，农地流转工作开展受限一方面影响农村地区劳动力有序实现非农转移，另一方面也不利于农业生产效率稳步提升。因此我国需逐步优化农村地区劳动力资源配置，在全面促进农地流转的过程中提升农业生产效率，推动农地流转是我国农业现代化发展的必然选择。

## (三)"三农"问题(类Ⅲ)

"三农"问题始终是中国社会经济发展进程中的关键领域与重点内容。党的十八大以来,中国特色社会主义进入新时代,中国的"三农"体制和政策体系也进入了新的转型发展阶段。以城乡基本养老保险制度并轨为标志,城乡基本公共服务政策体系的一体化工作开始启动。2021年中央一号文件将乡村振兴上升为"民族要复兴,乡村必振兴"的战略高度。在此基础上,面向第二个百年奋斗目标,以县域内城乡融合发展为重点,开始进入农业现代化新发展征程。

## (四)农业强国(类Ⅳ)

全面推进农业现代化建设,加快建设农业强国,是党中央着眼全面建成社会主义现代化强国作出的战略部署。农业强国是社会主义现代化强国的根基,满足人民美好生活需要、实现高质量发展、夯实国家安全基础,都离不开农业发展。习近平总书记在2022年中央农村工作会议上强调,没有农业强国就没有整个现代化强国;没有农业农村现代化,社会主义现代化就是不全面的。

从发文数量来看,大部分年份的权威论文发文量都保持在每年50篇以上,其中,2012年以来共发文786篇,2013年达到最高峰值124篇,聚焦关注农业现代化、城镇化、工业化、中国农业现代化等主题;2015年发文量居第二位,达到102篇,集中研究农业现代化、城镇化、协调发展、农业现代化建设等主题。可以看出,2009—2023年来农业现代化研究持续备受高度关注,也折射出我国对加快农业现代化的高度重视。我国从1993—2023年连续30年召开中央农村工作会议,系统总结"三农"工作,科学谋划"三农"发展,于2004—2022年连续出台多份中央一号文件支持"三农"发展。从时间阶段来看,2009—2014年5年发文量为304篇;2015—2020年5年发文量高达491篇,2021—2023年发文量为295篇,明显看出,2012年以来的总体发文量呈现高速增长态势,并达到单年124篇权威文献的最高发文量。尽管2009—2023年来权威论文刊发量有所波动,但总体发文量处于较高水平,受关注度很高。党的十八大报告强调坚持走中国特色工业化、信息化、城镇化、农业现代化道路;党的十九大报告强调"推动新型工业化、信息化、城镇化、农业现代化同步发展";党的二十大报告强调"全面建设社会主义现代化国家,最艰巨最繁重的任务仍然在农村",并将基本实现农业现代化纳入我国二〇三五年的发展总体目标。

## 四、研究主题动态

勾画农业现代化研究主题聚类图谱,有助于厘清和解读农业现代化研究主题知识单元或知识群之间的网络、结构、互动、交叉、演化、衍生等诸多隐含的复杂关系。从图9-1来看,其中模块值(简称Q值)为0.497 4,这表明划分出来的农业现代化研究主题聚类网络结构其效果是显著、合理的;平均轮廓值(简称S值)高达0.617 2,这意味着农业现代化研究主题聚类是高效率的、高信度的;Q值与S值都充分显示了农业现代化研究主题聚类图谱的论证依据与佐证力度,同时也反映和揭示了近15年来关于农业现代化领域的研究主题,总体上是围绕"城镇化(#0)""乡村振兴(#1)""现代农业(#2)""土地流转(#4)""农民收入(#6)""农村(#7)""农业强国(#8)"等聚类群组展开。

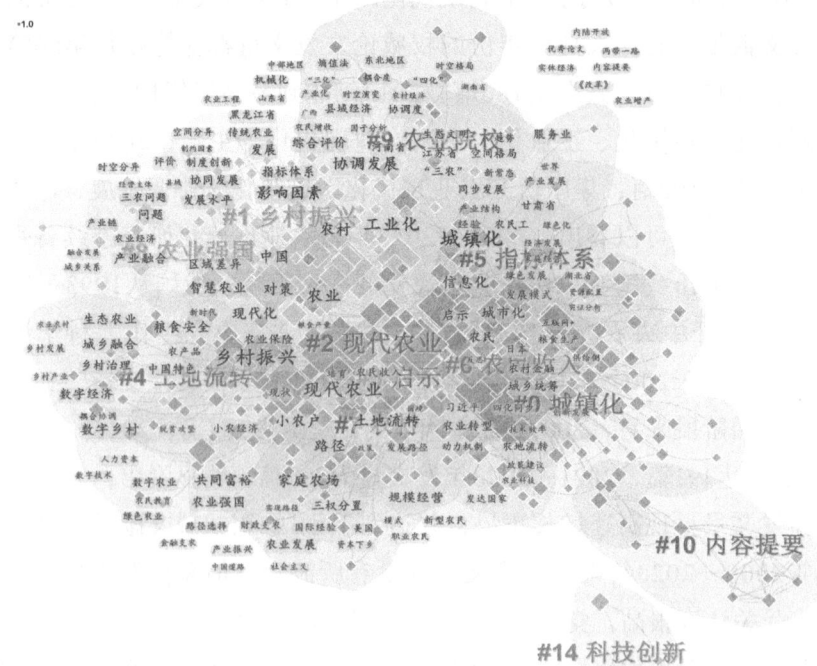

图9-1 国内农业现代化研究的聚类结构

# 第十章　农业规划中区域现代化水平测算研究思路

## 第一节　农业现代化发展要素理论框架

改革开放以来,"三农"问题始终是关系国计民生的根本性问题,乡村发展滞后无疑是我国经济向高质量发展的一块短板。2021年中央一号文件指出,要坚持把解决好"三农"问题作为全党工作重中之重,把全面推进乡村振兴作为实现中华民族伟大复兴的一项重大任务,举全党全社会之力加快农业农村现代化,让广大农民过上更加美好的生活。推进农业现代化已经成为下一阶段农业发展的重点工作,在今后一个时期内,各地区必须立足当下,放眼未来,走出一条具有区域特色的农业现代化道路。

乡村振兴由五大振兴组成,而乡村振兴在目前阶段的发力点与落脚点是提升农业现代化水平。辽宁省农业现代化发展要素理论框架,是将农业现代化的宏观水准结合辽宁省实际情况的具象化,可以用来科学地判断辽宁省特色的农业现代化发展水平。理论框架由农业现代化要素、农业经济、农业资源、农业产出、涉农技术5个主要模块组成,分别与产业振兴、人才振兴、文化振兴、生态振兴、组织振兴五大振兴理念相呼应,并以农业现代化要素为核心,彼此相互推进、相互依托,使模型内部要素动态流动,从而推动农业现代化发展(图10-1)。

农业现代化要素主导诱因包括以农民为主体、保障国家粮食安全、坚持农业改革与创新、携手新型城镇化,是理论框架的根本,是农业现代化发展的立足点与出发点。理论框架主要存在正负两方面反馈机制,一是通过4个模块投入要素,使农业现代化发展条件得到满足,推动农业现代化发展,而发展水平的不断提高也会产生正反馈，形成良性循环；二是根据所投入要素的发展水平协调程度与各要素对应的农业现代化发展条件匹配性向4个模块提供负反馈，通过改变各模块阶段性投入与计划，使资源集中于"短板"模块，从而推动农业现代化要素协调发展。

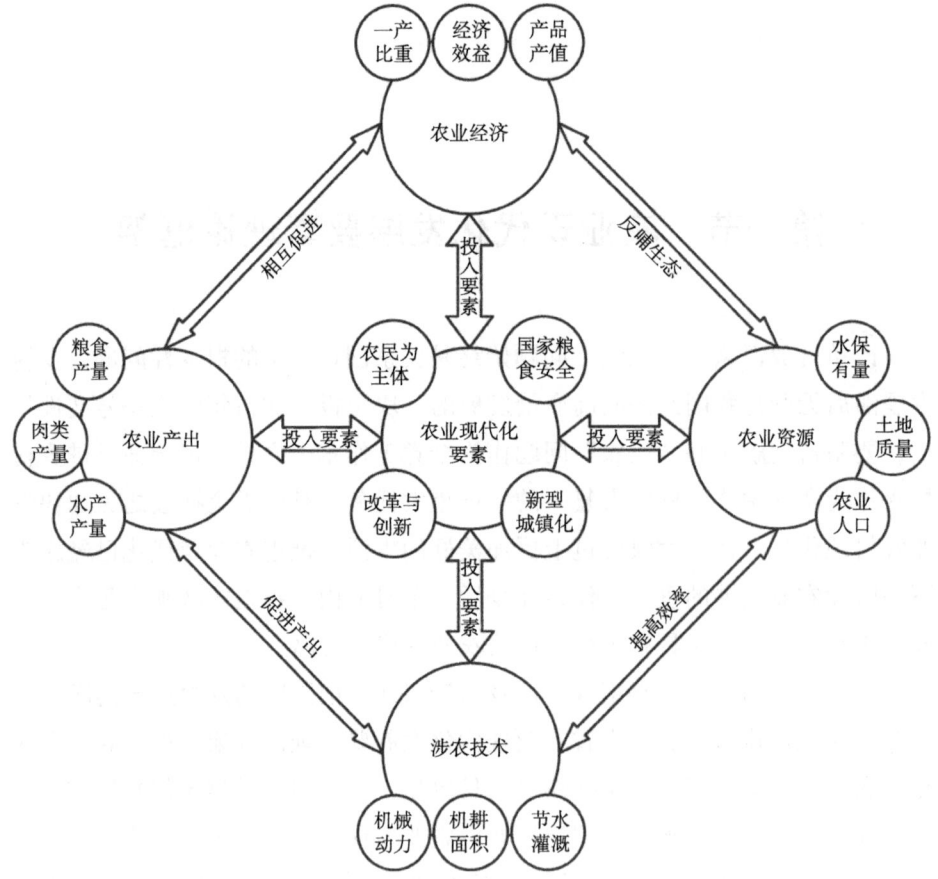

图10-1 辽宁省农业现代化发展要素理论框架

## 第二节 农业现代化发展路径理论框架

农业强国是中国式现代化建设的基础条件之一，满足人民美好生活需要、实现高质量发展、夯实国家安全基础，都离不开农业发展。农业强省是农业强国建设的有机组成部分，是中国式农业现代化在不同自然禀赋基础上的具体表现，也是乡村全面振兴在省域尺度的生动实践。因此，只有持续推进农业现代化，才能形成建设农业强省的关键助力，进而为加快建设农业强国奠定良好的物质基础。农业农村部在第十四届全人大一次会议的答复中表示，将引导有条件的地方到2035年率先建成一批农业强省，为各省农业工作提供了新的发展思路，也为农业强省的理论研究提供了现实导向。农业发展通常具有差异性、区域性、零散性等特点，因此对于农业强省与农业强国的推进应是分层次递进，把握县域农业发展现代化的契机，推动农业大省、产粮大省以县域农业现代化助力农业强省建设，有利于积累和丰富农业发展和改革经验，形成新的农业高质量发展增长点，实现农业强省，进而奠定农业强国建设的雄厚基石。

从农业现代化理论与概念层面来看，国外农业现代化理论研究起步较早，舒尔茨于1964年所著的《改造传统农业》中，对农业现代化进行了更明确的界定，即将传统农业改造成现代农业的过程。国内农业现代化研究已取得较大进展，农业现代化从关注如何提高生产效率、推动技术创新，逐渐转变为如何合理利用资源、实现农业可持续发展。学界对农业现代化的理论界定也形成了初步共识，此次研究中将采用周洁红和黄祖辉（2002）提出的内涵界定，即通过科学技术的渗透、现代要素的投入和社会化服务体系的建立，推动传统农业实现显著社会化、经济化和生态效益化，从而达到世界先进水平，实现农业的可持续发展的过程。

从研究内容来看，由于内容层面较多，在此总结了3个方面，其一，国外现代农业建设模式与农业现代化发展规律对我国的参考价值与借鉴意义；其二，构建基于某种理念下的评价体系，测算区域农业现代化发展水平及其时空变化趋势；其三，从宏观层面探讨当前政策下区域农业现代化问题及路径。其中涉及体系、空间分析与如何形成农业发展路径的方面将在研究中尝试借鉴与使用。

从方法层面来看，学界关于农业现代化的研究方法也在不断地进行演进与优化，目前主流的农业现代化研究方法包括多指标综合测度法、数据包络分析方法、比较分析法、代表性指标比较法、参数比较法、模型法、人工神经网络法等。其中，多指标综合测度法将反映被评价事物的多项指标的信息加以汇集，从整体上反映被评价事物的综合情况，由此成为学界对于农业现代化研究应用最为广泛、评价结果最为认可的研究方法。深入分析发现，农业现代化的指标权重的确权是非常重要的过程，它直接影响到最终的评价结果，但除多指标综合测度法中的均方差法外，其他方法均存在不同的测算不足。孙林山（2008）运用模糊综合评判法构造判断矩阵，计算各层次构成要素对于总目标的组合权重，该方法将一些边界不清、不易定量的因素定量化，能很好地解决判断的模糊性和不确定性问题，但不能解决评价指标间相关造成的评价信息重复问题。刘继斌等（2006）在Topsis法中引入指标权重，用属性AHM赋权法求指标权重，再用Topsis法进行综合评价，该方法对原始数据的利用比较充分，信息损失比较少，但同样不能解决评价指标间相关造成的评价信息重复及受主观因素影响问题。崔杰等（2008）运用灰色关联度分析法，对决策者给出的主观权重经验判断矩阵进行充分挖掘，提取出一个公共比较权重数列，并建立起简易的数学模型，但仍无法避免决策者经验判断这一主观因素的影响。可见，应用指标综合测度法评价中，使用均值法开展权重值确权对研究区域要求不高，且可以保证测算权重的科学性结果，适用于县域尺度的测算。

研究发现，县域尺度农业现代化详细的实证研究与农业强省建设路径的领域研究均存在空白。综上所述，本研究将以此为破题点，尝试开展辽宁省县域农业现代化发展水平的详细测算与农业强省路径构建，应用多指标综合测度法、均值法（确权）与ChatExcel的AI算法构建测算方法，参考现代化产业、生产、经营、绿色发展与支撑5个方面构建指标体系，并对差异性县域使用指标替代体系，以期构建较为完善的适用于县域农业现代化评价的模型方法；在结果分析的基础上，探讨县域农业现代化发展从农业大省向农业强省转变的发展路径，以期为规划政策制定提供具有时效性的参考。

加快推进农业现代化就是要大力推进产业体系现代化、生产体系现代化、经营体系现代化。党的二十大报告中强调要"推动绿色发展，促进人与自然和谐共生"，全面推进农业绿色发展也是题中应有之义。现代农业是在现代工业和现代科学技术基础上发展起来的农业，其建设离不开基础设施与先进技术的支持。故研究选取了现代化生产体系、现代化绿色发展体系、现代化经营体系、现代化产业体系、现代化支持体系作为探究辽宁省现代化发展的破题点，立足辽宁省区域实际，设计了辽宁省农业现代化发展路径理论框架（图10-2）。其主要包括农业现代化要素与农业现代化发展五大体系，核心要义在于以农业现代化要素不断投入，促使农业现代化五大体系之间相互演进、互相反馈、相互支撑，进而推动传统农业产业向现代农业产业转变。

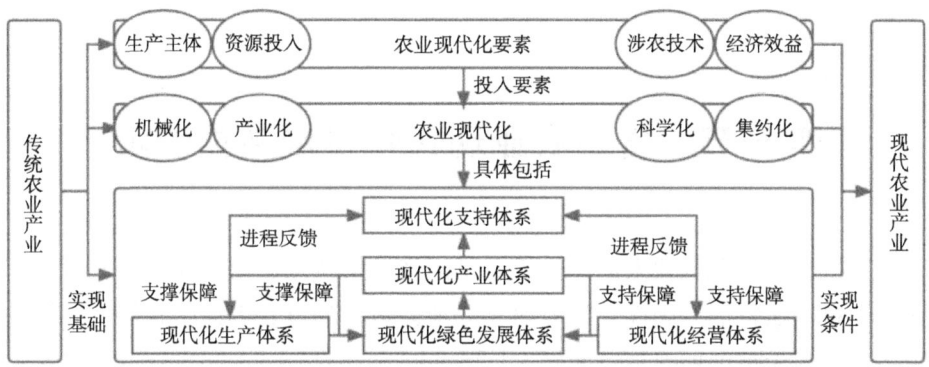

**图10-2　辽宁省农业现代化发展路径理论框架**

# 第十一章 省域农业现代化指标体系与研究方法

## 第一节 省域农业现代化发展数据参考

在推进农业现代化发展中,要立足国情农情特点、立足农业产业特性、立足乡村地域特征。因此,研究要充分考虑数据的可获得性,并保持时间的统一性,最大程度地保证时效性。

在数据收集过程中,可以在政府部门的官方网站或年度统计报告中找到农业部门、统计局等政府机构经常发布的农业相关数据,例如农业总产值、农作物产量等。同时,也可以通过农业行业协会和组织收集关于农业产量、价格、技术应用等方面的数据。此外,可以通过学术数据库或在线图书馆检索关于农业生产、投入、经济、科技、生态环境等方面的研究报告和论文,帮助研究开拓数据收集思路。此外,一手数据对于学术研究具有重要意义,数据收集也可针对政府部门、农户或农业企业进行调查和采样。

## 第二节 数据处理与发展水平计算

由于指标数据单位不同,数据在量上的差距就会出现较大的差异,指标数值过大或过小都不利于评价结果的准确性,所以需要对指标数据进行无量纲化。根据各指标的数据值,本研究采用指标均值为标准进行对比,根据属性将指标分为正向指标和负向指标进行数据的均值化。

$$Y_i = \begin{cases} \dfrac{(X_i - X_{\min})}{(X_{\max} - X_{\min})} & \text{正向指标} \\ \dfrac{(X_{\max} - X_i)}{(X_{\max} - X_{\min})} & \text{负向指标} \end{cases}$$

式中，$Y_i$表示指标的原始数据；$X_{\max}$表示指标评价样本中的最大值；$X_{\min}$表示指标评价样本中的最小值。

计算标准化后数据的标准差，表达式为：

$$\sigma_i = \sqrt{\frac{1}{n}\sum_{i=1}^{n}\left(Y_i - \overline{Y_i}\right)^2}$$

式中，$\sigma_i$表示标准差；$\overline{Y_i}$表示标准化后数据的平均值。

计算评价指标所占权重，表达式为：

$$\omega = \frac{\sigma_i}{\sum_{i=1}^{n}\sigma_i}$$

辽宁省各市农业现代化发展水平$F$为：

$$F = \sum Y_i \times \omega_i$$

## 第三节 省域农业现代化评价体系

如表11-1所示，现代农业发展强调社会经济和生态环境的协调，故本研究在可持续发展理念、绿色发展理念、产业融合发展理念的指导下，参考王晓君等（2020）、吴妍（2020）、邱菲和胡志全（2020）的研究成果，结合《全国农业现代化规划（2016—2020年）》中的评价指标，立足辽宁省实际情况，从农业经济、涉农技术、农业产出、农业资源4个维度构建农业现代化发展水平评价体系。

表11-1 辽宁省农业现代化发展水平评价体系

| 准则层 | 权重 | 指标层 | 计算方法 | 单位 | 权重 |
|---|---|---|---|---|---|
| 农业经济 | 0.246 | 第一产业人均产值 | 第一产业增加值/第一产业从业人员 | 亿元/人 | 0.068 |
| | | 农村居民人均可支配收入 | 农村居民可支配收入/农村居民人数 | 万元/人 | 0.045 |
| | | 科学技术从业投入比 | 科学技术/科学研究从业人员数 | 亿元/万人 | 0.063 |
| | | 农林水事务支出比重 | 农林水事务/公共财政预算支出合计 | % | 0.070 |
| 涉农技术 | 0.219 | 水利业工作效率 | 水资源总量/水利设施从业人员数 | 亿m²/万人 | 0.069 |
| | | 现代化产粮效益 | 粮食产量/科学技术投入 | 万t/亿元 | 0.072 |
| | | 现代化产肉效益 | 肉类产量/科学技术投入 | 万t/亿元 | 0.078 |
| 农业产出 | 0.279 | 粮食作物单位面积产量 | 粮食作物产量/粮食作物播种面积 | kg/hm² | 0.049 |
| | | 油料作物单位面积产量 | 油料作物产量/油料作物播种面积 | kg/hm² | 0.062 |
| | | 肉类产量 | 统计数据 | 万t | 0.080 |
| | | 水稻单位面积产量 | 水稻产量/播种面积 | kg/hm² | 0.037 |
| | | 玉米单位面积产量 | 玉米产量/播种面积 | kg/hm² | 0.051 |
| 农业资源 | 0.255 | 人均水资源保有量 | 水资源总量/常住人口 | 万m²/人 | 0.068 |
| | | 农作物水资源保障量 | 水资源总量/农作物播种面积 | 亿m²/hm² | 0.067 |
| | | 环境保护、节能环保投入 | 统计数据 | 亿元 | 0.062 |
| | | 耕地水效益 | 有效灌溉面积/农作物播种面积 | % | 0.058 |

# 第十二章　省域农业现代化水平实证分析

辽宁省是全国优质特色农产品重点产区和重要出口基地,是全国粮食主产省之一,2019年粮食产量达到2 430万t,粮食播种面积属于全国中上游水平,共计348.9万hm$^2$;单产位列全国第二,高达6 975kg/hm$^2$。随着农业供给侧结构性改革与乡村振兴战略的实施,辽宁省农业发展方式也进行了转变。基于此,本研究立足于2014—2019年辽宁省农业现代化发展现状,从"农业经济—涉农技术—农业产出—农业资源"角度开展辽宁省农业现代化发展水平分析,通过基于辽宁省特色的农业现代化发展水平评价体系测算评价分值,并利用ArcGIS 10.7软件在市域尺度上分析空间分布特征,以期为辽宁省农业发展规划的针对性制定与乡村全面振兴战略的实施提供依据和参考。

## 第一节　辽宁省农业现代化发展数据来源

本研究所采用的辽宁省农林牧渔业生产总值、产量、化肥、农药的使用等指标数据来源于2014年、2019—2020年《辽宁省国民经济和社会发展统计公报》《辽宁统计年鉴》等数据库,水资源相关数据来源于2014年和2019年《辽宁省水资源公报》。

## 第二节　辽宁省农业现代化发展结果分析

### 一、辽宁省农业现代化发展水平评价

相比于2014年,2019年辽宁省农业现代化发展水平评价分值由3.092提高到4.454,增幅达44.05%,表明2019年辽宁省农业现代化水平有了明显提升。

其中，2019年农业经济发展水平、涉农技术发展水平、农业产出水平和农业资源发展水平均高于2014年的发展水平，农业经济发展水平评价分值由2014年的0.796提高到2019年的0.935，涉农技术发展水平评价分值由0.242提高到0.861，农业产出水平评价分值由1.473提高到1.796，农业资源发展水平评价分值由0.581提高到0.862，分别提高17.46%、255.79%、21.93%和48.36%，充分展示出该阶段内辽宁省农业现代化进展迅速，现代化建设初见成效，农业经济、涉农技术、农业产出、农业资源各方面均取得较好的成绩。

## 二、辽宁省各市农业现代化发展水平评价

### （一）市域视角下辽宁省农业现代化发展水平

从图12-1可以看出，相比2014年，2019年辽宁省各市农业现代化发展水平均取得了较大进步。其中，铁岭市评价分值最高，为0.432，较2014年提高35.02%；朝阳市评价分值为0.419，位列全省第二，较2014年提高80.03%；营口市的评价分值最低，仅为0.222，增长幅度仅为7.92%，远低于44.06%的全省增长幅度。评价结果表明，铁岭市和朝阳市农业现代化发展水平较高，地区现代农业建设颇具成效，而营口市农业现代化建设还有较大的提升空间。葫芦岛市、本溪市评价分值增长速度高于其他地区，分别由

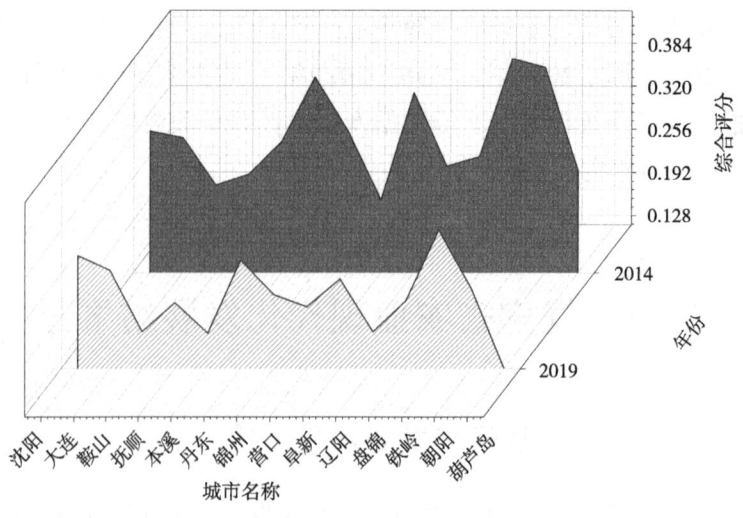

图12-1　2014年和2019年辽宁省农业现代化综合评分

0.114、0.167提高到0.256、0.309，增长幅度分别达132.11%、85.01%。作为辽宁省的两个副省级城市，沈阳市、大连市增长速度并不明显，增幅分别只有14.79%、20.85%，均低于各市48.72%的平均增幅。可以看出，葫芦岛市、本溪市和朝阳市的农业现代化进程开启较晚但发展速度迅猛。

### （二）农业经济发展水平

如图12-2所示，分析各地区2014年和2019年农业经济发展水平可以看出，2019年辽宁省大部分地区的农业经济发展水平均高于2014年，14个市中有10个市实现了评分的两位数增长。其中，鞍山市、营口市农业经济评价分值提升最为明显，分别达到92.01%与90.67%，远高于其他地区，说明这两个城市加大了对农业产业发展的投入，从而使农业经济发展迅速。

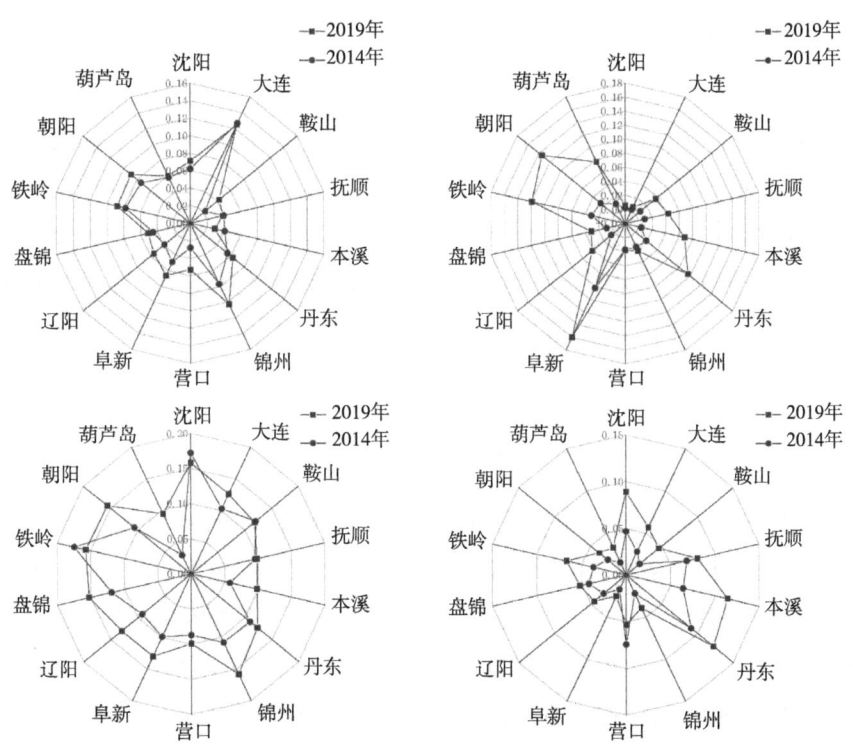

图12-2　2014年和2019年辽宁省农业经济发展水平评价（左上）、涉农技术发展水平评价（右上）、农业产出发展水平评价（左下）、农业资源发展水平评价（右下）

## (三) 涉农技术发展水平

相对于2014年，2019年辽宁省各地市涉农技术发展水平评价分值整体变化幅度较大，14个市均呈现正向增长，有11个市的升幅超过200%，表明该阶段辽宁省各市重视涉农技术发展，将涉农技术作为推动农业现代化的基石（图12-2）。虽然各地加大了对涉农技术的投入，提高了对涉农技术发展的重视程度，但农业产出、农业经济并没有出现与之相适应的增长，成果转换效率较低，急需提高对于技术成果的转换效率，提高技术投入产出比。相对其他地区，2019年阜新市涉农技术评价分值为0.160，位列辽宁省第一位，较2014年的评分提高94.53%；铁岭市评价分值提升较为明显，较2014年增幅达412.64%。

## (四) 农业产出发展水平

相比于2014年，2019年辽宁省各市农业产出发展水平差异较大，没有明显规律，8个市的农业产出水平评价分值增幅超过20%，3个市的农业产出水平评价分值负增长。值得注意的是，农业产出发展水平并没有随着涉农技术投入的大幅增加而大幅增加，如何提高下一阶段农业产出效率还需重点关注。相对其他地区，沈阳市、锦州市农业产出评价分值较高，并列全省第一位，均为0.158；葫芦岛市增长幅度最大，为全省唯一提升幅度超过100%的地区，由2014年的0.030提高到2019年的0.095，增长2.17倍。

## (五) 农业资源发展水平

从图12-2可以看出，相对于2014年，2019年辽宁省各市农业资源发展水平评价分值除营口市外均显著提高，10个市的评分值增幅超40%。其中鞍山市的增长幅度最大，由2014年的0.019提高到2019年的0.046，增长幅度接近150.00%。鞍山市人均水资源保有量由272.55万$m^2$/人提高到570.69万$m^2$/人，升幅达109.39%，农作物水资源保障量由2014年的39.03亿$m^2/hm^2$提高到2019年的79.67亿$m^2/hm^2$，提高104.13%，环境保护、节能环保投入由2014年的2.83亿元提高到2019年的9.47亿元，提高234.63%。2019年阜新市农业可持续发展评价分值为全省最低，仅为0.025，还有很大的发展空间。2019年阜新市农作物水资源保障量仅为15.69亿$m^2/hm^2$，环境保护、节能环保投入为3.79亿元,农业可持续发展水平较低。

## 三、农业现代化水平空间分布

基于吴妍(2020)、龙冬平等(2014)的研究成果,参考国外现代农业建设的发展规律,根据中国农业现代化研究报告,结合辽宁省农业发展现状,本研究采用人工断点法,对辽宁省农业现代化发展阶段进行分等定级,将其分为低水平($F \leq 0.169$)、中等水平($0.169 < F \leq 0.247$)、较高水平($0.247 < F \leq 0.320$)、高水平($F > 0.320$)(表12-1)。

表12-1　2014年和2019年辽宁省各地区农业发展阶段

| 城市 | 2014年评分 | 2019年评分 | 城市 | 2014年评分 | 2019年评分 |
| --- | --- | --- | --- | --- | --- |
| 沈阳市 | 较高水平 | 高水平 | 营口市 | 中等水平 | 中等水平 |
| 大连市 | 较高水平 | 较高水平 | 阜新市 | 中等水平 | 高水平 |
| 鞍山市 | 低水平 | 中等水平 | 辽阳市 | 低水平 | 较高水平 |
| 抚顺市 | 中等水平 | 较高水平 | 盘锦市 | 中等水平 | 较高水平 |
| 本溪市 | 低水平 | 较高水平 | 铁岭市 | 较高水平 | 较高水平 |
| 丹东市 | 较高水平 | 高水平 | 朝阳市 | 中等水平 | 高水平 |
| 锦州市 | 中等水平 | 高水平 | 葫芦岛市 | 低水平 | 较高水平 |

本研究利用Geostatistical Analyst中的Trend Analysis,在市域视角下对辽宁省全域农业现代化发展水平进行三维通视分析,得到空间分异趋势,如图12-3所示。亦即,将中国各省(区、市)的农业现代化发展水平指数作为高度属性值(Z值),以揭示中国农业现代化发展水平空间分异的总体格局特征及趋势,其中X、Y正方向分别表示正东、正北。

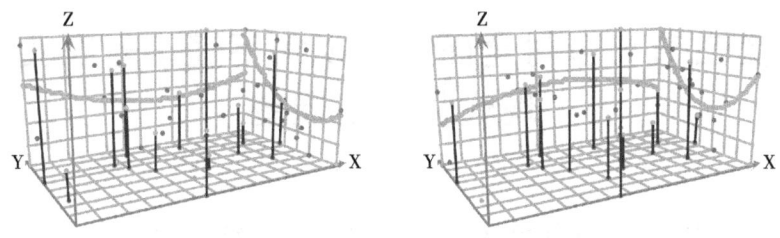

图12-3　2014年和2019年辽宁省农业现代化发展水平趋势

注:XZ面、YZ面点为样本点于不同面的投影,垂直XY面的直线表示样本点数据值,XZ面曲线为东西走向样本的投影趋势,YZ面曲线为南北走向样本的投影趋势。

显而易见的是，2014年辽宁省全域农业现代化发展水平的空间分异特征总体呈现出"南北高东西低、四周高中部低"的趋势，但各地之间发展存在较大差异，农业现代化发展的较高水平分布在铁岭市、沈阳市、大连市、丹东市，低水平分布在葫芦岛市、鞍山市、辽阳市、本溪市。相对于2014年，2019年辽宁省各地市农业现代化水平均出现显著提升，较高水平、高水平地区由2014年的4个增长到2019年的12个，6个地区的农业现代化发展水平上升一个等级，6个地区的农业现代化发展水平上升两个等级。值得一提的是，局部地区发展阶段的差异必然会随着相对落后地区农业现代化发展水平的不断提高而逐渐减弱，但这种阶段一致性并不意味着农业现代化进程的完全同步，仍需深入挖掘农业资源的区位优势，着力推动传统农业向现代农业转变。

铁岭市农业现代化发展成果显著，走在了辽宁省农业现代化建设的最前列，在国家提出乡村全面振兴，重点推进农业现代化建设、农业供给侧结构性改革的背景下，铁岭市着力于农业发展方式重构，稳步提高涉农技术投入，全面保护农业生态资源，重点推进"三农"改革。2018年，铁岭市提出了《铁岭市现代农业示范带建设三年行动方案》，按照"一带四产业一区"的总体布局，全面实施铁岭市现代农业示范带建设。2019年铁岭市粮食测算总产量达501.73万t，较丰产的2017年增产40万t，创历史新高；耕种收机械化率达89%；保护性耕作面积达6.73万$hm^2$，土地规模经营面积达25.2万$hm^2$，粮食作物播种面积达48.14万$hm^2$。截至2020年，铁岭市有3个下属县被农业农村部确定为国家现代农业示范区，其中包括东北最大的花生集散地和全国最大的粮食生产基地昌图县。

# 第三节　乡村全面振兴视角下辽宁省农业现代化发展展望

2022年中央一号文件指出，要提升农机装备研发应用水平，开展农机研发制造推广应用一体化试点。辽宁省作为传统的工业强省、粮食主产省，具有生产资源丰富、装备制造业成熟、区域规模化生产完善、生态环境条件优渥、遍布优良沿海港口和紧靠大连市商品交易所等诸多优势，势必对农机装备研发、应用起到强大的推动作用。可以预见，辽宁省农业农村现代化发展必然依托于强大的装备制造业与便利的交易环境，首先，资源丰富的粮食产区，有助于机械化农业的广泛开展，也可以很好降低农用机械的制造、开发、使用成本，农用机械的规模化普及也有助于推进制造业的发展，从而提供更多的就业岗位，吸纳更多的农村人口，保障农村的就业率与收入水平；其次，便利的交易环境有助于降低农产品交易成本，减少不必要的运输费用，从而进一步提高农产品的利润水平，加强全省农产品的市场竞争力。

农业现代化是一个持续过程、长期任务，探索特色农业现代化道路不会一蹴而就，也不能是空中楼阁。辽宁省各地应把握发展新趋势，因地制宜、因区施策，充分发挥地域农业资源优势，持续推进"一村一品"示范村镇建设、现代农业产业园发展，用3～5年的时间打造一批农业产业强镇强区、多点现代农业产业园，精心培育优势农业主导产业，重点建设白羽肉鸡、人参、海参等20个农、牧、渔的特优集群。

农业是高度的弱质性产业，与世界主要商品粮生产国相比，我国农业生产成本较高，农业基础设施建设水平较差，所以在下一阶段发展农业现代化，仍需依靠政府相关政策与服务的持续推进。辽宁省农业现代化的发展要充分发挥全省3个国家现代农业产业园、3个创建农业现代化示范区、16个国家现代农业示范区的带动作用，扶植优质农林牧渔深加工、一体化企业打造具有行业强号召力的本地明星品牌，鼓励生产高增值农副产品，提高农业产业的盈利能力，各地要找准创建定位和主攻方向，明确发展目标和重点任务，科学设计推进路径和发展模式，细化政策措施和工作机制，从而推动全省农业现代化建设整体上水平。

温铁军教授指出，制约"三农"问题的两个基本矛盾已经有很大程度的缓解，但是仍然存在，仍是目前制约农业农村发展的关键问题。辽宁省可在如铁岭县、长海县等众多示范区之中创建农业农村新区以作试点寻求破题点，搭建"农村—城市"便利的连接桥梁，降低农村与城市间的时间成本，鼓励人才下乡，尝试"大农场"与"小农村"并存的农业产业格局，鼓励过剩金融参与农业农村建设，推进金融下乡工具、渠道的创新，逐步实现乡村空间生态资源货币化、价值化。建设现代农业不能仅仅依靠企业和投资人的积极性，还应当充分发挥农民的主体作用，立足农村经济的发展，从社会文化等多领域推进农业现代化，使农民群体在乡村全面振兴战略的背景下充分参与到一二三产业融合之中，享受到三产融合的高端收入，迈向共同富裕。同时，也要重点规避农村发展过程中走城市工业化的老路，最大程度地降低工业集群对乡村生态环境的毁灭性打击，探索农业农村可持续发展的特色道路，建设生态宜居的城乡一体化格局。

# 第十三章 县域农业现代化水平的计量测算方法

## 第一节 县域农业现代化发展数据参考与研究方法

### 一、数据来源

县域农业是构成省域农业的基础组成部分，县域农业现代化的水平决定了整个省域农业的竞争力和发展潜力。在研究数据收集中同样要充分考虑数据的可获得性、时间的统一性与时效性。

同省域农业现代化发展水平研究一样，可以通过政府部门的官方网站或年度统计报告中找到农业部门、统计局等政府机构发布的农业相关数据，或从农业行业协会和组织收集关于县域农业的数据。也可通过学术数据库或在线图书馆检索关于农业生产、投入、经济、科技、生态环境等方面的研究报告和论文，帮助研究开拓数据收集思路。研究人员也可针对农户、农场或农业企业进行调查和采样，获得一手数据。

### 二、基于"ChatExcel-RMSE"的模型构建

ChatExcel是北京大学深圳研究生院袁粒团队基于ChatGPT开发的一款AI工具，可以有效实现表格的自动化处理，能在减少工作量的同时极大地提升测算的工作效率（图13-1）。RMSE又称均方差法，可以衡量数据组的离散程度，是农业经济实证研究中常用的客观权重测算方法，具有雄厚的应用基础。研究尝试将ChatExcel表格自动化处理工具与经典实证分析方法

RMSE相结合，构建了“ChatExcel-RMSE”测算模型，使复杂的数据整理与测算可以通过简单的文字指令来实现。

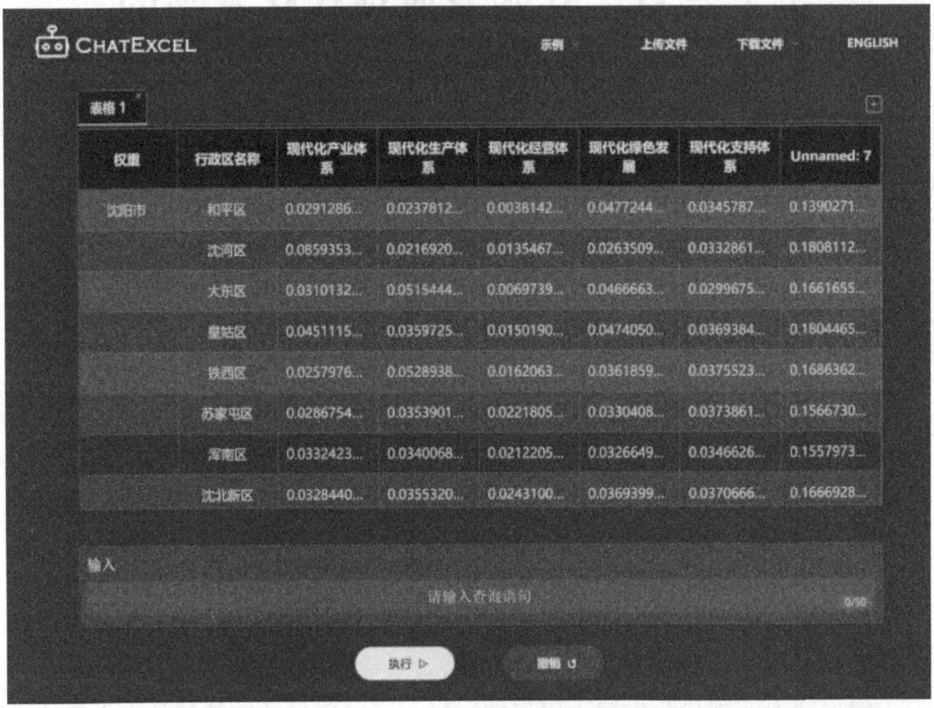


| 权重 | 行政区名称 | 现代化产业体系 | 现代化生产体系 | 现代化经营体系 | 现代化绿色发展 | 现代化支持体系 | Unnamed: 7 |
|---|---|---|---|---|---|---|---|
| 沈阳市 | 和平区 | 0.0291286... | 0.0237812... | 0.0038142... | 0.0477244... | 0.0345787... | 0.1390271... |
| | 沈河区 | 0.0859353... | 0.0216920... | 0.0135467... | 0.0263509... | 0.0332861... | 0.1808112... |
| | 大东区 | 0.0310132... | 0.0515444... | 0.0069739... | 0.0466663... | 0.0299675... | 0.1661655... |
| | 皇姑区 | 0.0451115... | 0.0359725... | 0.0150190... | 0.0474050... | 0.0369384... | 0.1804465... |
| | 铁西区 | 0.0257976... | 0.0528938... | 0.0162063... | 0.0361859... | 0.0375523... | 0.1686362... |
| | 苏家屯区 | 0.0286754... | 0.0353901... | 0.0221805... | 0.0330408... | 0.0373861... | 0.1566730... |
| | 浑南区 | 0.0332423... | 0.0340068... | 0.0212205... | 0.0326649... | 0.0346626... | 0.1557973... |
| | 沈北新区 | 0.0328440... | 0.0355320... | 0.0243100... | 0.0369399... | 0.0370666... | 0.1666928... |

**图13-1　ChatExcel数据处理**

不同的单位所蕴含信息量不同，数据值也会有较大差异，而数据值过大或过小都将影响指标权重的准确性与客观性，故研究在ChatExcel中采用极值法的分步文字指令对原始数据进行标准化预处理，以减小单位不同所导致的数据值差异，具体测算方式如下：

$$Y_i=\begin{cases}\dfrac{(X_i-X_{\min})}{(X_{\max}-X_{\min})} & \text{正向指标}\\[2ex] \dfrac{(X_{\max}-X_i)}{(X_{\max}-X_{\min})} & \text{负向指标}\end{cases}$$

式中，$Y_i$表示指标的原始数据；$X_{\max}$表示指标评价样本中的最大值，$X_{\min}$表示指标评价样本中的最小值。

RMSE法认为，数据的离散程度与其信息携带量具有密切关系，若数据组离散程度较低，表明该指标所蕴含信息量较少，应赋予低权重值；反之，则应赋予高权重值。研究依照结果明确、检验便捷与步骤简洁的拆分原则，将RMSE法拆分为3步，用3项ChatExcel可以识别的文本指令概括计算的全部过程。

$$\sigma_i = \sqrt{\frac{1}{n}\sum_{i=1}^{n}\left(Y_i - \overline{Y_i}\right)^2}$$

$$\omega = \frac{\sigma_i}{\sum_{i=1}^{n}\sigma_i}$$

$$F = \sum Y_i \times \omega_i$$

式中，$\sigma_i$表示标准差；$Y_i$表示标准化后数据均值；$\omega_i$为指标权重；$F$为农业现代化发展水平。

## 第二节 县域农业现代化发展指标体系

研究秉持可持续发展的理念，依据系统性、整体性的原则，以地域特异性理论的视角，根据体系构建逻辑，参考龙冬平等（2014）、杨奇峰等（2022）、邸菲和胡志全（2020）的研究基础，参考政策文件《全国农业现代化规划（2016—2020年）》的目标体系，《辽宁省"十四五"农业农村现代化规划》与《辽宁全面振兴新突破三年行动方案（2023—2025年）》中区域发展方向与功能定位，构建了辽宁省县域农业现代化发展水平测算体系（表13-1）。体系包括现代化产业体系、现代化生产体系、现代化经营体系、现代化绿色发展体系与现代化支持体系5个准测层，农户户均人口、受高中以上教育农户比例等24个指标，并设计了具有替换功能的部分指标，应用于高度城镇化县（区）域的测算。

(续表)

表13-1 辽宁省县域农业现代化发展水平测算体系

| 准则层 | 指标 | 计算方法 | 单位 | 权重 | 属性 |
|---|---|---|---|---|---|
| 现代化产业体系 | 农户户均人口数 | 农业人口/农业家庭数量 | 人/户 | 0.026 | |
| | 受高中以上教育农户比例 | 受高中以上教育农户/农业人口 | % | 0.055 | |
| | 受高中以上教育农业生产经营人员比例 | 受高中以上教育农业生产经营人员/农业生产经营从业人员 | % | 0.019 | |
| | 农业生产经营人员专业培训比例 | 受专业培训农业生产经营人员/农业生产经营从业人员 | % | 0.032 | |
| | 农民专业合作社示范社比例 | 农民专业合作社示范社/农民专业合作社 | % | 0.038 | |
| | 一体化农业经营单位农户吸纳度 | 在具有一体化特征的农业经营单位任职农户/农业人口 | % | 0.043 | |
| 现代化生产体系 | 化肥施用指数 | 当年化肥施用量/上一年化肥施用量 | 100 | 0.073 | 可代替 |
| | 生产值指数 | 当年地区生产总值/上一年地区生产总值 | 100 | 0.073 | |
| | 农药施用指数 | 当年农药施用量/上一年农药施用量 | 100 | 0.033 | 可代替 |
| | 规模工业人员吸纳量 | 在规模工业企业任职人员/工业从业人口 | 万人 | 0.033 | |
| | 地膜施用指数 | 当年地膜使用量/上一年地膜使用量 | 100 | 0.028 | 可代替 |
| | 人口出生率 | 地区出生人口/地区总人口 | ‰ | 0.028 | |
| | 单位粮食产量 | 粮食总产量/粮食播种面积 | t/hm$^2$ | 0.062 | |
| | 规模工业均产值 | 具有规模工业企业总产值/规模企业数量 | 亿元 | 0.062 | 可代替 |
| 现代化经营体系 | 农户规模经营率 | 参与规模经营的农户数量/农业人口 | % | 0.019 | |

（续表）

| 准则层 | 指标 | 计算方法 | 单位 | 权重 | 属性 |
|---|---|---|---|---|---|
| 现代化经营体系 | 电商销售利用度 | 使用电商销售农产品的农业经营单位数量/农业经营单位 | % | 0.037 | |
| | 农民专业合作社比例 | 农业专业合作社数量/农业生产经营单位 | % | 0.066 | |
| | 一体化农业经营单位比例 | 具有一体化特征的农业经营单位/农业经营单位 | % | 0.043 | |
| 现代化绿色发展体系 | 节水灌溉设施覆盖率 | 具有节水灌溉设施的耕地面积/地区耕地面积 | % | 0.039 | |
| | 主要农作物机耕面积比例 | 地区主要农作物机耕面积/地区主要农作物播种面积 | % | 0.113 | |
| | 电子商务配送站点覆盖率 | 具有电子商务配送站点的乡村/地区乡村数量 | % | 0.048 | |
| 现代化支持体系 | 农业保险覆盖率 | 参加农业保险的农户数量/农业人口 | % | 0.092 | |
| | 农户燃气能源普及度 | 主要依赖燃气作为主要能源的农户数量/农业人口 | % | 0.060 | |
| | 饮用水自来水普及度 | 主要依赖自来水作为饮用水的农户数量/农业人口 | % | 0.074 | |

## 第三节 县域农业现代化发展研究思路

如图13-2所示，根据研究进展，在农业现代化内涵演进与评价方法的基础上，构建包括"现代化产业体系—现代化生产体系—现代化经营体系—现代化绿色发展体系—现代化支撑体系"的测算体系，引入"ChatExcel-RMSE"方法在县域尺度实证分析辽宁省农业现代化发展水平，并通过空间分析法探究其空间上的分异特征及分布趋势，进一步讨论县域农业现代化对农业强省建设的支撑作用，思考辽宁省农业强省的建设实现路径，提出县域尺度下辽宁省农业强省建设在行动方向层面与行动内容层面的建设路径。

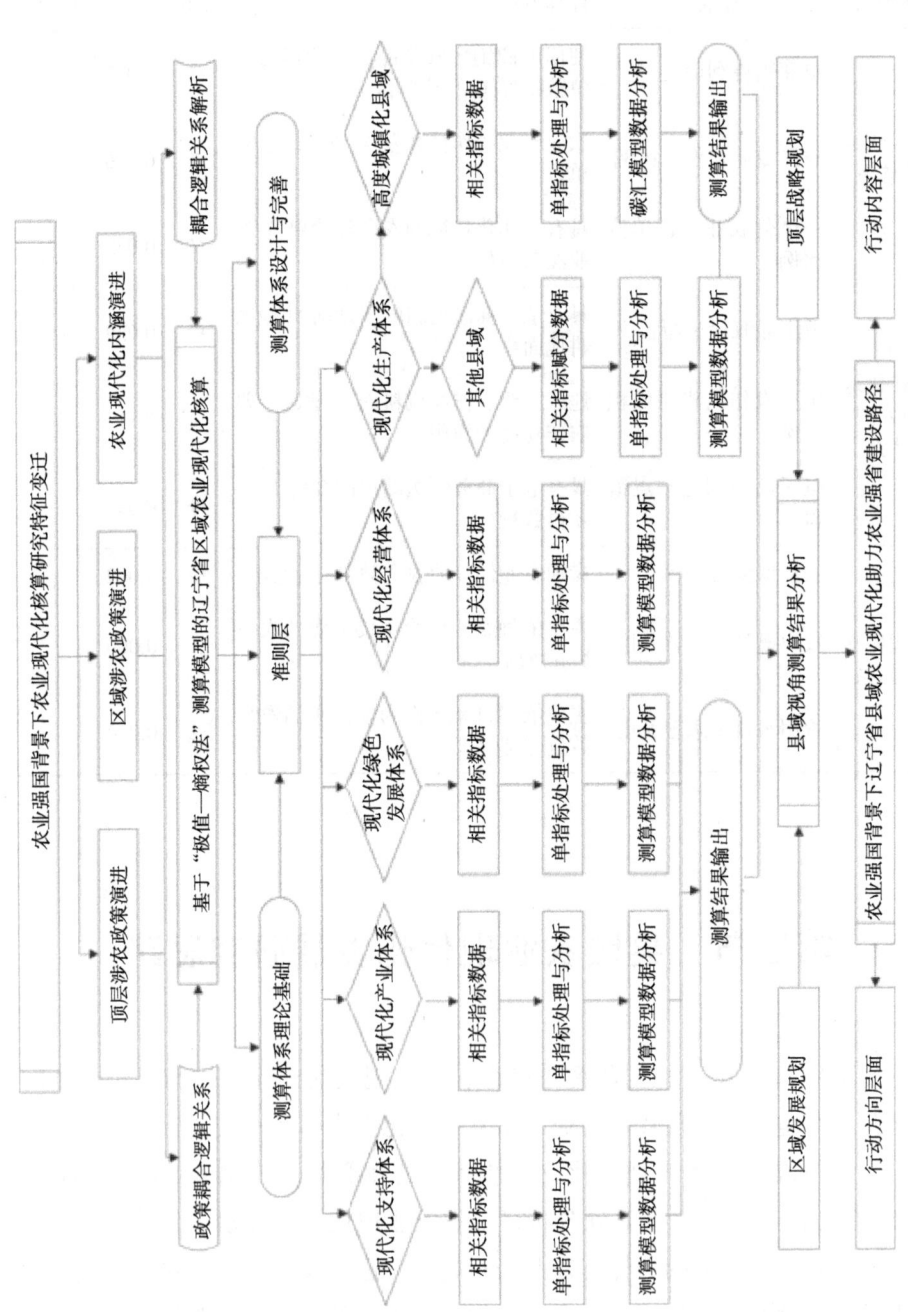

图13-2 研究思路

# 第十四章　县域农业现代化水平实证分析

辽宁省是我国重要的粮食主产区和农产品生产基地，截至2022年，全省已连续4年粮食单产水平超过全国均值15%，总产量保持全国中上游水平，如何持续提升全域农业现代水平，锚定建设农业强省，测度县域农业现代化建设水平并了解各县域发展短板至关重要。目前辽宁省涉农县（区）域共计100个，其中涉及高度城镇化县（区）域21个，县域农业发展特征与水平差异性明显，所以在开展量化研究中，存在数据量较大且获取困难、指标设计差异化处理、可参考的县域尺度测算方法较少等研究困难。因此研究将尝试充分利用农业普查数据，选用生产值指数等替代部分涉农指标以及运用AI工具ChatGPT中的ChatExcel算法处理大数据等量化手段，力求较精准地测度辽宁省百县农业现代化发展水平，形成切实有效的行动方向层面与行动内容层面的农业强省建设路径，并在理论层面构建适用于县域农业现代化研究的ChatExcel-RMSE（均方差法）实证模型。

## 第一节　辽宁省县域农业现代化发展数据来源

研究参考2017年《辽宁统计年鉴》城镇化标准，在高度城镇化县域（和平区、沈河区、皇姑区等21个县域）选用生产值指数、规模工业人员吸纳量、人口出生率、规模工业均产值替代肥施用指数、农药施用指数、地膜施用指数、单位粮食产量；以《辽宁省第三次全国农业普查资料汇编》为主数据源，采集100个县（区）的涉农数据，并采用2017年《辽宁统计年鉴》数据进行核对补充。

# 第二节 辽宁省县域农业现代化发展水平分析

依据"ChatExcel-RMSE"模型的测算结果,辽宁省农业现代化发展水平评价分值为14.83,其中,现代化产业体系评价分值为2.99、现代化生产体系评价分值为3.07、现代化经营体系评价分值为2.34、现代化绿色发展体系评价分值为3.01、现代化支撑体系评价分值为3.43。各体系核算结果差异不显著,表明现阶段辽宁省农业现代化发展是较为系统、均衡、同步的。需要注意现代化经营体系的评分相较其他体系仍具有一定差距,表明辽宁省该领域建设上还有所欠缺,下阶段需要着重发展。

研究采用自然段点法对县域视角下辽宁省农业现代化发展进行分等定级,分为低等水平、中低水平、中等水平、中高水平、高等水平5个阶段。在此基础上,利用空间分析法探究县域视角下辽宁省农业现代化发展的空间差异,共计区县100个。

## 一、县域间农业现代化发展水平差异显著

县域视角下,农业现代化发展水平差异显著,整体呈现"东西分布较为均匀,北部高,南部低"的水平分布趋势。全省低水平区县11个、中低水平区县33个、中等水平区县32个、中高水平区县13个、高水平区县11个。全省中等及以下水平区县占比高,高水平、中高水平区县占比仅23%,表明辽宁省农业现代化发展在县域层次的协调度还有待提高。未来,相关政策与规划的制定,应充分考虑县域差异,把农业农村工作落实落细,充分开发区域区位优势与自然禀赋,因地制宜探索适合的农业现代化发展路径,确保全省农业现代化发展的系统性与整体性。

## 二、农业现代化高水平区县示范效应明显

高水平区县整体零散分布小范围高度集中,且具有示范效应明显、辐射范围广泛的特征。农业现代化高等水平区县共11个,集中分布于"铁岭市—沈阳市—大连市"三点,且多为面积较小区县,行政区域面积超过2 000km$^2$

的区县仅有3个，分别是昌图县、黑山县、盘山县；表明辽宁省在打造县域级别的现代农业产业集群上存在不足。结合不同水平农业现代化区县的空间分布，研究发现中等以上水平农业现代化区县分布呈明显集群分布，中高水平区县围绕高等水平区县集中分布，即使该高等水平区域的面积极小也能形成较强的带动效应，表明在县域视角下农业现代化发展具有很强的外部效应。下阶段辽宁省可以依托"铁岭市—沈阳市—大连市"农业现代化县域高等水平分布带，通过政策倾斜与产业扶植，培育耦合度更高的产业链条，从而加强区域联动，积点成线，以线带面，推动全省农业现代化发展。

## 三、县域自然禀赋与社会经济对农业现代化发展水平具有较高影响

中高水平区县聚集度高，多围绕沈阳市行政区域集中分布。农业现代化中高水平区县共13个，集中分布于"沈阳市—盘锦市"一线，与中部平原精品农业区面积对应度较高。值得注意的是，共有9个中高水平区县处于沈阳市行政区域内或紧靠沈阳市行政区域，这在一定程度上印证了前文提到农业现代化发展具有外部效应的观点，也表明县域农业现代化发展可能与区域政策、区域人口规模、制造业产业集群分布及其适宜农业发展的自然禀赋相关。

## 四、辽东半岛整体县域农业现代化水平较低

如图14-1所示，中等及以下水平区县多集中于辽东半岛区域。农业现代化中等水平区县与中低等水平区县共65个，全省区县数量占比65%，全省面积在更高分布上并无明显规律。农业现代化低等水平区县共11个，数量分布上无明显趋势。面积分布上，低等水平区县93.54%的面积集中分布在辽东半岛的辽阳市、鞍山市、营口市与大连市，表明该区域农业现代化发展可能存在一些普遍性问题需要重点关注。

白塔县农业现代化发展水平评价分值为0.197，位列全省第一；新邱区、立山区农业现代化发展水平测算分值处于全省最后两位，表明两地农业现代化发展存在一定缺陷，在未来发展规划与政策制定时，应加大对农业现代化发展的重视程度，以缩小与全省其他区县的差距。

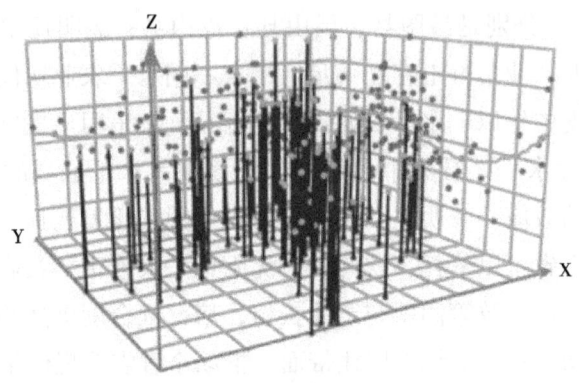

**图14-1　县域视角下辽宁省农业现代化发展水平趋势**

注：XZ面、YZ面点为样本点于不同面的投影，垂直XY面的直线表示样本点数据值，XZ面曲线为东西走向样本的投影趋势，YZ面曲线为南北走向样本的投影趋势。

## 五、辽宁省县域农业现代化发展影响因素分析

辽宁省农业产业链布局、农业机械化水平在县域层次还存在不均衡、不完善等诸多问题，主要农作物机耕面积比例、饮用水自来水普及度、化肥施用指数、单位粮食产量4项指标累计权重0.322可以印证这种观点。此外，金融支农对农业现代化发展的推动作用也越发明显，因县域金融支农数据的获取困难，研究仅选取了农业保险覆盖率用以代表金融支农各项指标，其权重值为0.092，在21项指标中排名第二，能为这种观点提供有力支撑。

# 第三节　辽宁省县域农业现代化助力农业强省建设路径思考

根据实证研究的测算与分析结果，研究参考《辽宁省"十四五"农业农村现代化规划》《辽宁省国民经济和社会发展第十四个五年规划和二〇三五年远景目标纲要》《辽宁全面振兴新突破三年行动方案（2023—2025年）》与相关专项规划，制定了行动方向与行动内容层面的县域农业现代化助力农业强省的建设路径（图14-2、图14-3）。

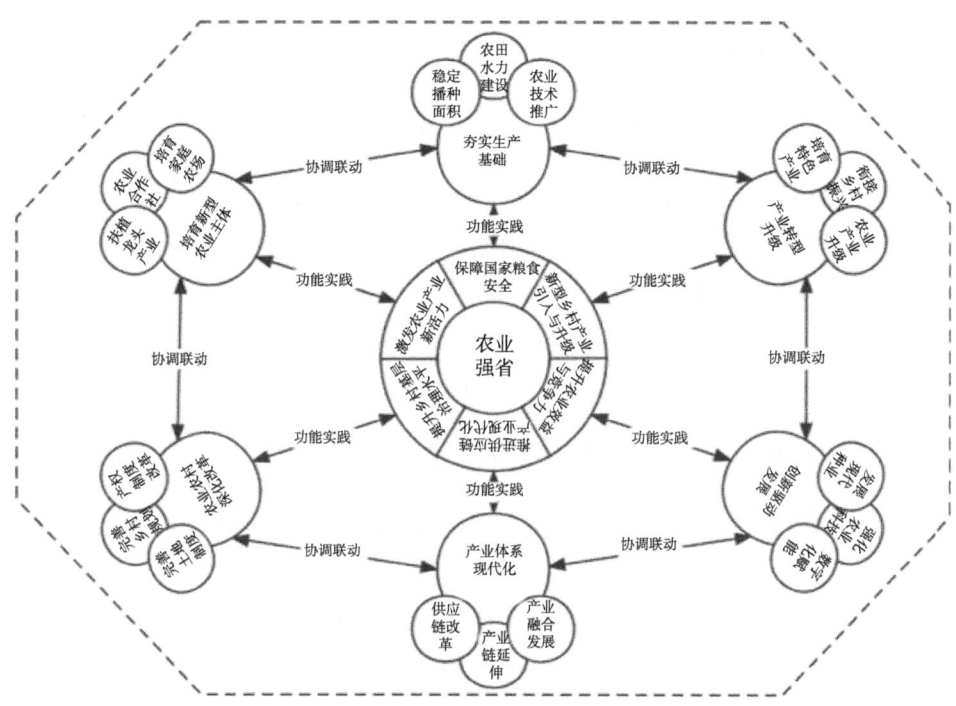

图14-2 县域农业现代化助力农业强省建设路径的行动方向

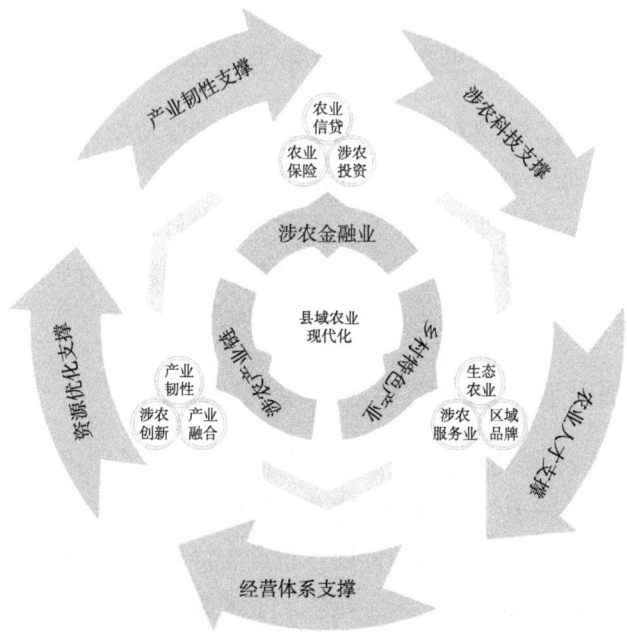

图14-3 县域农业现代化助力农业强省建设路径的行动内容

## 一、县域农业现代化助力农业强省建设路径的行动方向思考

### （一）保障"国家—区域"粮食安全

辽宁省是全国粮食主产省，肩负维护粮食安全、确保粮价稳定的特殊使命。因此，全省农业农村工作必须坚持稳字当头，确保粮食综合生产能力稳定在2 500万t，高标准农田建设达到3 700万亩，黑土地保护利用面积达到1 000万亩，以夯实农业生产基础，用农业高产高效发展的"辽宁模式"，确保"国家—区域"粮食稳定供应，保障"国家—区域"粮食安全。

### （二）推动新型乡村产业引入与升级

建设农业强省离不开完善的农业产业体系，而乡村振兴的关键也在于产业兴旺。因此，进一步培育与发展新型乡村产业便显得尤为重要。各地区应充分发挥区位优势，打造具有本地文化标识的农业品牌，如辽东半岛可依托盘锦河蟹、兴城多宝鱼、大连鲍鱼等区域文化品牌，培育独具特色的农业主导产业，辽河平原可依托"一村一品，一县一业"政策，打造现代农业产业园，推动现存农业产业转型升级，为建设农业强省提供有力的产业支撑。

### （三）提升农业产业效益与竞争力

在数字化时代，实现农业强省的目标，必须坚持创新驱动发展。要不断推动完善农村电商平台建设，以"农村电子商务+"模式，建设"省—市—县"三级农产品农村电商服务体系；不断加大对科技创新的支持力度，吸引企业、高校、科研机构等多元主体参与农业科技创新，为乡村提供先进的农业技术与科技人才，为建设农业强省提供技术支撑。

### （四）提升农业产业链供应链现代化水平

建设现代化农业产业链供应链，是新时期"三农"工作的重点内容。要不断完善"省—市—县"三级产业链条协同联动机制，合理发挥产能区位优势，推动粮食主产区产业链延伸发展，重点支持锦州市、盘锦市建设粮油深加工产业基地，培育建设以大米、花生、玉米为主要原料的食品深加工产业园，以产业融合发展、产业链延伸、供应链改革为依托，全面提升农业产业

链供应链现代化水平。

### （五）提升乡村基层治理水平

全面推进乡村振兴与加快建设农业强国对乡村基层治理提出了更高的要求。因此，进一步深化农业农村改革，深挖农业农村发展潜力就极为迫切。要科学规划乡村土地利用，严格落实宅基地流转制度，有效降低农村空闲宅基地比例，以基层治理推动宜居乡村建设，为建设农业强省提供坚实的制度基础。

### （六）激发农业产业新活力

新型农业主体是推进现代农业建设和实施乡村振兴战略不可或缺的骨干力量。要重点支持农业产业龙头创新发展、做大做强，推动农业经营主体利益联结机制，培育新型乡村经济，全省力争打造家庭农场13万个，培育新型农民合作社7万个，规模以上农业龙头企业900家，以市场需求导向充分利用农业资源，为建设农业强省提供强大助力。

## 二、县域农业现代化助力农业强省建设路径的行动内容思考

### （一）县域涉农金融业助力农业强省建设

我国农业是高度弱质化产业，其培育与发展往往依赖于财政支持与政策帮扶，但政府主导的普适性与全局性财政、政策支持在满足区域差异带来的多种需求上存在天然劣势，以市场为导向的县域涉农金融业可以对财政支农的局限与劣势进行有效补充。

财政支农具有导向性和开拓性的作用，由于全省高、中高水平区县的集中分布，产业集群相对优势明显与设施基础完善，维持性需求大于开发性需求。辽宁省可以尝试在高水平区县建设县域涉农金融业培育试点，以高等水平区县与中高水平区县协同辐射具有农业资源优势的中部平原区，进而带动全省农业现代化发展，逐步实现辽宁省农业强省建设。

### （二）乡村特色产业助力农业强省建设

乡村特色产业在助力乡村发展和拓展县域经济上具有重要作用。相较

以制造业与服务业为核心的城市经济，乡村经济往往更贫瘠且以农业产业为核心，因此在以农业现代化推进农业强省建设的背景下，培育乡村特色产业更显得尤为迫切。辽宁省可以尝试将财政资金向农业现代化中低水平区县转移，深挖辽西丘陵区域与辽东半岛沿海区域的中低水平区县聚集区乡村发展潜力，选取具有相对自然禀赋优势的乡村培育特色产业，推动低水平区县农业现代化发展形成示范效应，辐射周边区县弥补与中高水平区县的相对差异，助力农业强省建设。

## （三）农业产业链助力农业强省建设

辽宁省县域产业层次仍存在布局不合理、产业链条较短、融合层级较浅、要素活力不足等诸多问题。可以尝试以围绕沈阳市分布的9个高水平区县为农业产业链融合与延伸发展基点，推动县域间产业布局优化，发展区位优势产业，形成以县域为单位的产业链延伸与融合发展。开展省级产业布局分区，以降低小区域内县域间产业同质性，依托产业链的空间分布格局逐步向低水平区县延伸形成产业链备选方案，以全面提升辽宁省农业产业韧性，为农业强省建设奠定坚实的产业基础。

# 第十五章 结论与讨论

## 第一节 省域农业现代化水平实证分析的结论与讨论

### 一、结论

实现农业农村现代化是乡村全面振兴的根本目标，也是持续推进新时期农业经济发展、绿色农业发展的基础保障。本研究在借鉴国内外农业现代化发展水平评价指标体系的基础上，针对辽宁省农业现代化发展过程中存在的现实问题，从农业经济水平、农业产出水平、涉农技术水平和农业资源水平4个维度构建了一套新的评价体系，对辽宁省全域农业现代化发展水平进行综合评价，并在此基础上分析其空间分布特征，较为全面地反映当前辽宁省农业现代化发展水平的空间分异格局及规律，得出了以下结论。

一是辽宁省农业现代化发展水平评价值在2014—2019年由3.092提高到2019年的4.454，提升幅度达44.05%，取得了较大进步。其中，农业经济、涉农技术、农业产出和农业资源发展水平均高于2014年，评价值提升幅度分别为17.46%、255.79%、21.93%和48.36%，该阶段内辽宁省农业现代化进展迅速，现代化建设初见成效，农业经济、涉农技术、农业产出、农业资源各方面均取得了较好的成绩。

二是相对于2014年，2019年辽宁省各地区农业现代化发展水平均呈上升趋势，但各地区之间发展水平及发展速度存在较大差异。其中，铁岭市、朝阳市现代化数值明显高于其他地区，分别为0.432、0.419，营口市的评价分值最低，仅为0.222，增长幅度仅为7.92%，有较大提升空间；葫芦岛市、本溪市现代化数值增速超过其他市域，增长幅度分别达132.11%、85.01%；

沈阳市、大连市增长速度并不明显，增幅分别只有14.79%、20.85%，农业现代化发展破局方式有待转型。

三是2014年辽宁省全域农业现代化发展水平的空间分异特征总体呈现出"南北高东西低、四周高中部低"的趋势，农业现代化发展的较高水平分布在铁岭市、沈阳市、大连市、丹东市，低水平分布在葫芦岛市、鞍山市、辽阳市、本溪市。相对于2014年，2019年辽宁省各地市农业现代化较高水平、高水平地区由2014年的4个增长到2019年的12个，6个地区的农业现代化发展水平上升1个等级，6个地区的农业现代化发展水平上升两个等级，总体农业现代化进程取得了较好的成绩，但是部分地区的发展仍有待完善。

## 二、讨论

研究构建了"ChatExcel-RMSE"模型，在对数据进行标准化处理的基础上，通过多指标综合测评进行赋权及评价值测算，提高了数据对现实的拟合度，但仍存在一定的差异；依据辽宁省农业现代化特色，科学筛选评测指标，力图更加客观地展示辽宁省农业现代化的发展水平，由于样本与数据的局限性，研究只选取了2014—2019年的截面数据，在结论上有局限性，仍需继续探索。

本研究利用空间发展趋势展示了辽宁省农业现代化发展水平空间上的差异，一定程度上显示了农业发展水平与空间上的差异，可以为该省农业现代化的发展提供理论参考。然而，单一的空间差异还是缺乏多层次、多维度的展示，合理运用统计模型，对现代化发展进行多层次、多维度的分析是下一阶段的研究重点。

# 第二节 县域农业现代化水平实证分析的结论与讨论

## 一、结论

研究构建了"现代化产业体系—现代化生产体系—现代化经营体系—现

代化绿色发展体系—现代化支撑体系"的测算体系,设计了基于"ChatExcel-RMSE"的测算模型,在县域尺度实证分析了辽宁省农业现代化发展水平,从宏观层面和实践层面提出了加快建设农业强省的实现路径,得出结论如下。

一是辽宁省农业现代化发展整体较为系统、均衡、同步,各体系测算结果差异不显著。

二是辽宁省县域农业现代化发展水平差异显著,整体呈现"东西分布较为均匀,北部高,南部低"的水平分布趋势,全省中等及以下水平区县占绝大多数。

三是行动方向层面,辽宁省从保障"国家—区域"粮食安全、推动新型乡村产业引入与升级、提升农业产业效益与竞争力、提升农业产业链供应链现代化水平、提升乡村基层治理水平与激发农业产业新活力6个方面入手加快建设农业强省。

四是行动内容层面,辽宁省应尝试在县域尺度培育涉农金融业、引入乡村特色产业、持续优化并不断完善涉农产业链布局、全面推动农业现代化发展,为农业强省建设提供产业韧性、涉农科技、农业人才、经营体系、资源优化等多方面支撑。

## 二、讨论

AI工具对开展量化研究具有很强的推动作用,基于"ChatExcel-RMSE"的测算模型极大地简化了大量百县数据整理的工作量与计算量,为下一阶段的研究开展提供了一定的思路启发。尽管当前的ChatExcel还存在很多不足之处,但已经可以表现出人工智能对学术研究的促进与协助作用,下一阶段研究将尝试不断引入与时俱进的工具,纳入尽可能多的代表性影响因素,探究"自然禀赋—农业农村发展情况—区域政策"之间的耦合关系,呈现更为完善与系统的研究。

# 参考文献

阿尔伯特·赫希曼，1991. 经济发展战略[M]. 曹正海，潘照东，译. 北京：经济科学出版社.

安虎森，朱妍，2003. 产业集群理论及其进展[J]. 南开经济研究（3）：31-36.

白跃世，2003. 中国农业现代化路径选择分析[D]. 西安：西北大学.

曹广强，2014. 河南省肉牛养殖业生产效率研究[D]. 长春：吉林农业大学.

曹卫芳，2013. 农业保险对我国农业现代化发展作用的经济学分析[D]. 太原：山西财经大学.

陈超，徐磊，2020. 流通型龙头企业主导下果品产业链的整合与培育——基于桃产业的理论与实践[J]. 农业经济问题（8）：77-90.

陈春霞，2009. 我国农业现代化评价指标体系研究评述[J]. 改革与战略，25（6）：184-186.

陈海霞，亢志华，马康贫，等，2009. 现代农业产业规划中主导产业选择方法研究及实例分——以江苏连云港市为例[J]. 安徽农业科学，37（28）：3871-3873，3912.

陈建明，张仲义，2000. 模糊方法在信息系统评价中的应用[J]. 中国管理科学（1）：75-80.

陈明，2006. 晋西黄土高原补灌果园耗水及产量关系研究[D]. 北京：北京林业大学.

陈萍萍，2011. 吉林省现代农业主导产业选择研究[D]. 长春：长春理工大学.

陈琼，2013. 中国肉鸡生产的成本收益与效率研究[D]. 北京：中国农业科学院.

陈曦，王执铨，2006. 决策支持系统理论与方法研究综述[J]. 控制与决策（9）：961-968.

陈旭，杨印生，2019. 日本农业机械化发展对中国的启示[J]. 中国农机化学报，40（4）：202-209.

陈燕连，蔡海生，林联盛，2013. 区域主导产业选择研究综述[J]. 当代经济

（15）：142-144.

褚庆全，胡志全，李琳，2000. 农业管理决策支持系统的研制、开发与发展对策[J]. 中国农业科技导报（6）：23-26.

崔惠玲，周洪禄，2000. 农业现代化水平评价及方向选择——以河北省为例[J]. 农业系统科学与综合研究（3）：237-240.

崔杰，党耀国，刘思峰，2008. 基于灰色关联度求解指标权重的改进方法[J]. 中国管理科学（5）：141-145.

崔振东，2010. 日本农业的六次产业化及启示[J]. 农业经济（12）：6-8.

戴天放，2014. 农业业态概念和新业态类型及其形成机制初探[J]. 农业现代化研究，35（2）：200-203，208.

邸菲，胡志全，2020. 我国农业现代化评价指标体系的构建与应用[J]. 中国农业资源与区划，41（6）：46-56.

丁三姐，魏钦平，徐凯，2006. 果树节水灌溉研究进展[J]. 北方园艺（4）：69-71.

杜宇，2006. 基于产业集群理论的山西省旅游产业发展研究[D]. 太原：山西大学.

杜宇能，2013. 工业化城镇化农业现代化进程中国家粮食安全问题[D]. 合肥：中国科学技术大学.

范丽娜，2013. 县域特色主导产业转型升级的思考与建议——以河北省为例[J]. 河北经贸大学学报，34（6）：139-142.

范少玲，2014. 中国玉米种植成本收益研究[D]. 泰安：山东农业大学.

丰志培，刘志迎，2005. 产业关联理论的历史演变及评述[J]. 温州大学学报（1）：51-56.

奉继承，赵涛，2005. 知识管理的系统分析与框架模型研究[J]. 研究与发展管理（6）：50-55.

傅晨，2010. 广东省农业现代化发展水平评价：1999—2007[J]. 农业经济问题，31（5）：26-33，110.

高明杰，2008. 基于农业综合生产能力需求的耕地资源安全阈值研究[D]. 北京：中国农业科学院.

龚美慧，2012. 旅游演艺游客消费决策影响因素研究[D]. 长沙：湖南师范大学.

顾焕章，王培志，1997. 论农业现代化的含义及其发展[J]. 江苏社会科学

（1）：30-35.

顾益康，2001.提高小城镇建设水平加快农村城镇化进程[J].新农村（4）：3.

顾益康，许勇军，2004.城乡一体化评估指标体系研究[J].浙江社会科学（6）：93-97，6.

关爱萍，王瑜，2002.区域主导产业的选择基准研究[J].统计研究（12）：37-40.

关鑫，魏琨翔，张帆，2022.乡村全面振兴视角下辽宁省农业现代化发展水平分析与展望[J].农业展望，18（5）：29-36.

归泳涛，2005.赖肖尔美国对日本的意识形态外交[J].美国研究（4）：56-75，4.

郭界秀，2007.比较优势理论研究综述[J].社科纵横（1）：64-66.

郭金玉，张忠彬，孙庆云，2008.层次分析法的研究与应用[J].中国安全科学学报（5）：148-153.

郭利朋，苏艳娜，张军英，2009.河北省农业主导产业发展现状及滞后因素分析[J].农业科技管理，28（5）：19-21，25.

郭万达，1991.现代产业经济辞典[M].北京：中信出版社.

国务院关于印发"十四五"推进农业农村现代化规划的通知[J].中华人民共和国国务院公报，2022（6）：6-29.

韩洁，曹建民，2012.新时期农户肉牛养殖成本与利润变动及政策研究[J].中国畜牧杂志，48（4）：58-62.

何玲，马俊丽，2021.农业现代化与城镇化协调发展文献研究综述[J].农村经济与科技，32（2）：220-221.

胡善清，高乐华，2010.山东省农业现代化进程定量评价研究[J].学理论（9）：21-25.

黄福江，高志刚，2016.法国农业合作组织的发展及其对中国的启示[J].世界农业（3）：134-139.

黄海荣，2013.区域现代农业规划存在的问题及对策[J].产业与科技论坛，12（1）：40-41.

黄克飞，2014.浙江省农业现代化评价指标体系的应用评价与完善研究[D].杭州：浙江大学.

黄宁莺, 2004. 毛泽东对中国社会主义历史定位的探索——兼议其对所有制模式的选择[J]. 党史研究与教学（1）: 4-9.

黄禹铭, 2018. 长春老工业基地全面振兴问题研究[J]. 产业与科技论坛, 17（9）: 23-24.

姜法竹, 张涛, 2008. 现代农业主导产业选择的指标体系构建研究[J]. 中国农业资源与区划（3）: 55-59.

姜长云, 2015. 推进农村一二三产业融合发展新题应有新解法[J]. 中国发展观察（2）: 18-22.

姜长云, 2017. 农业产业化龙头企业在促进农村产业融合中的作用[J]. 农业经济与管理（2）: 5-10.

蒋和平, 黄德林, 2006. 中国农业现代化发展水平的定量综合评价[J]. 农业现代化研究（2）: 87-91.

今村奈良臣, 1996. 把第六次产业的创造作为21世纪农业花形产业[J]. 月刊地域制作（1）: 1-6.

柯炳生, 2007. 关于加快推进现代农业建设的若干思考[J]. 农业经济问题（2）: 18-23, 110.

匡远配, 杨洋, 2017. 农业产业化带动湖南一二三产业融合[J]. 湖南社会科学（5）: 108-113.

雷继红, 2013. 产业集群及区域发展研究——基于云南省经济模式[J]. 中国证券期货（2）: 155, 157.

李洁欣, 林毅焜, 齐文娥, 2022. 国家级农业平台载体主导产业高质量发展状况研究——以粤西地区为例[J]. 中国热带农业（3）: 50-59, 28.

李林林, 吴开, 2013. 城镇化背景下重庆市主导产业选择研究[J]. 中国集体经济（27）: 23-24.

李锐杰, 2013. 河南省工业主导产业优化选择研究[J]. 郑州轻工业学院学报（社会科学版）, 14（4）: 74-79.

李晓, 林正雨, 何鹏, 等, 2010. 区域现代农业规划理论与方法研究[J]. 西南农业学报, 23（3）: 953-958.

李晓东, 2010. 黑龙江省村级财务管理问题研究[D]. 北京: 中国农业科学院.

练晓月, 常平平, 2021. 新时代农业产业化联合体培育的财税政策支持研究[J].

农业经济（1）：97-99.

梁桂全，郁方，1999. 广东离基本实现现代化有多远?[J]. 港澳经济（7）：54-57.

林斌，2007. 比较优势理论：文献综述[J]. 全国商情（经济理论研究）（1）：95-97.

林万龙，2018. 从城乡分割到城乡一体：中国农村基本公共服务政策变迁40年[J]. 中国农业大学学报（社会科学版），35（6）：24-33.

林毅夫，赵秋运，2022. 关于新时代全面推进乡村振兴的政策建议[J]. 中国新闻发布（实务版）（1）：24-25.

林英华，黄庆海，刘骅，等，2010. 长期耕作与长期定位施肥对农田土壤动物群落多样性的影响[J]. 中国农业科学，43（11）：2261-2269.

林英华，李红，2010. 基于因子分析法的聊城市农业现代化水平评价研究[J]. 中国农学通报，26（22）：403-406.

刘海清，2009. 海南省可持续发展能力综合评价[J]. 广东农业科学（3）：202-206.

刘红梅，修伟明，杨殿林，2007. 区域农业主导产业的评价选择模型及其应用[J]. 农村经济与科技（9）：76-77.

刘继斌，曲成毅，王瑞花，2006. 基于属性AHM的Topsis综合评价及其应用[J]. 现代预防医学（10）：1862-1863.

刘立勇，2005. 当代中国农业现代化道路研究[D]. 武汉：华中师范大学.

刘柳，2010. 北京市都市型现代农业建设发展研究[D]. 北京：中国农业科学院.

刘璐，辛岭，朱铁辉，2023. 我国农业农村现代化水平的时空特征及障碍因子研究[J]. 中国农业资源与区划，44（6）：135-147.

刘美辰，2018. 农业产业化的金融制度创新研究[J]. 农业经济（11）：92-94.

刘松涛，张彦旸，王林萍，2017. 日本农业六次产业化及对推动中国农业转型升级的启示[J]. 世界农业（12）：70-78，259.

刘颖琦，吕文栋，李海升，2003. 钻石理论的演变及其应用[J]. 中国软科学（10）：139-144，138.

刘颖琦，王雅坤，2006. 生态脆弱贫困县农业主导产业选择研究[J]. 河北大学学报（哲学社会科学版）（3）：31-35.

柳晓冰，2011. 农业经济发展对科技人才的需求预测研究[J]. 中国渔业经济，29

（5）：111-115.

龙冬平，李同昇，苗园园，等，2014. 中国农业现代化发展水平空间分异及类型[J]. 地理学报，69（2）：213-226.

卢布，2011. 农业规划编制概论[M]. 北京：中国农业科学技术出版社.

卢良恕，2004. 论新时期的中国现代农业建设[J]. 科技进步与对策（3）：4-6.

卢中华，2008. 蔬菜生产效益及其影响因素研究[D]. 南京：南京农业大学.

鲁春阳，文枫，2019. 基于均方差法的郑州市土地综合承载力评价[J]. 中国农业资源与区划，40（11）：20-25.

鲁声，安洁，张杰，2018. 关于发展农业"新六产"的思考[J]. 农业部管理干部学院学报（1）：8-14.

陆南泉，2018. 苏联时期体制改革与现代化关系的分析[J]. 中国浦东干部学院学报，12（3）：120-129，119.

陆相林，2007. 山东省17地市农业现代化水平分类及区划研究[J]. 水土保持研究（6）：403-406.

罗其友，李建平，陶陶，等，2002. 区域比较优势理论在农业布局中的应用[J]. 中国农业资源与区划（6）：27-33.

吕文广，2010. 甘肃农业现代化进程测度及特色农业发展路径选择研究[D]. 兰州：兰州大学.

迈克尔·波特，2007. 国家竞争优势[M]. 李明轩，邱如美，译. 北京：中信出版社.

孟伟，2010. 潍坊市农业技术推广现状及发展对策[D]. 北京：中国农业科学院.

孟晓哲，2014. 现代农业产业融合问题及对策研究[J]. 中国农机化学报，35（6）：318-321，325.

宁新田，2010. 我国农业现代化路径研究[D]. 北京：中共中央党校.

牛若峰，1999. 要全面理解和正确把握农业现代化[J]. 农业经济问题（10）：13-16.

农业农村部关于促进农业产业化龙头企业做大做强的意见[J]. 中华人民共和国农业农村部公报，2021（11）：48-52.

潘权富，董大朋，2018. 黑龙江垦区一二三产业融合发展模式选择与实现路径[J]. 黑龙江八一农垦大学学报，30（1）：100-105.

潘伟光，郭善民，2008. 又好又快发展现代农业积极促进新农村建设——"新农村建设中的现代农业发展高层论坛"会议综述[J]. 中国农村经济（1）：76-80.

彭艺，2012. 新型工业化促进农业现代化的机理模式及对策研究[D]. 长沙：湖南农业大学.

彭梓倩，赵星宇，王凌伟，2020. 国内风险资本研究进展与前沿的可视化分析[J]. 会计之友（19）：101-107.

钱炬炬，雷晓峰，李宏亮，等，2018. 益阳市南县"稻虾生态种养"一二三产业融合发展探析[J]. 天津农业科学，24（3）：43-46.

谯江兰，钟佳利，张立志，2022. 乡村振兴背景下乡村产业融合发展研究——以德阳市旌阳区为例[J]. 现代化农业（7）：66-68.

秦开大，赵帅，秦翠平，2016. "互联网+现代农业"趋势下主导产业选择模型及路径分析[J]. 科技进步与对策，33（12）：67-72.

秦耀辰，张丽君，2009. 区域主导产业选择方法研究进展[J]. 地理科学进展，28（1）：132-138.

邱立新，张丽丽，2012. 青岛市高新技术产业功能区培育建设研究——基于产业集群理论[J]. 青岛科技大学学报（社会科学版），28（1）：67-71.

瞿理铜，2014. 基于均方差决策和TOPSIS模型的湖南省农用地生态功能评价[J]. 国土资源科技管理，31（5）：14-20.

日本发展"六次产业"的主要做法与启示[J]. 山东经济战略研究，2015，（11）：44-47.

单胜道，尤建新，2002. 模糊综合评估法及其在农地价格评估中的应用[J]. 同济大学学报（自然科学版）（8）：1010-1013.

单玉丽，1998. 福建农业现代化水平评估与发展构想[J]. 农业现代化研究（3）：14-17.

沈琦，胡资骏，2012. 我国农业现代化评价指标体系的优化模型——基于聚类和因子分析法[J]. 农业经济（5）：3-5.

沈扬扬，2021. 以农业农村现代化建设中国特色社会主义乡村振兴道路[J]. 兰州大学学报（社会科学版），49（3）：59-65.

舒倩，戴昕，2013. 长沙市工业园主导产业选择研究[J]. 中外建筑（10）：

114-117.

苏成，聂春霞，2013. 基于投入产出模型的新疆主导产业选择[J]. 新疆社会科学（4）：36-40.

孙鸿雁，2017. 黑龙江省农村一二三产业融合发展的思路与模式[J]. 经营与管理（1）：113-115.

孙娟，李艳军，2014. "一村一品，一乡一业"现代农业经营模式发展概况与对策研究——以武汉市黄陂区六指街道为例[J]. 湖北农业科学，53（22）：5575-5579.

孙林山，2008. 模糊综合评判法在图书评标中的应用研究[J]. 图书情报工作（4）：46-49.

孙士强，张贵，2008. 京津冀区域主导产业选择研究[J]. 天津行政学院学报（2）：61-65.

孙晓娟，李娟，2013. 欠发达地区主导产业的选择方法与实证分析——以甘肃省为例[J]. 商业时代（36）：120-122.

孙晓娟，李玉婵，2013. 欠发达地区高技术产业发展的影响因素分析——以甘肃省为例[J]. 科技管理研究，33（5）：109-112，126.

孙永生，2006，. 产业集群理论在落后地区农业主导产业培育发展中的应用分析[J]. 陇东学院学报（社会科学版）（3）：50-54.

孙曰波，任术琦，丁世民，2006. 农业专家系统发展的概况与前景[J]. 安徽农业科学（20）：5445-5446.

孙中叶，2005. 农业产业化的路径转换：产业融合与产业集聚[J]. 经济经纬（4）：37-39.

谭爱花，李万明，谢芳，2011. 我国农业现代化评价指标体系的设计[J]. 干旱区资源与环境，25（10）：7-14.

唐亮，曾庆双，2019. 基于均方差权值法的泸州市农业现代化发展水平研究[J]. 湖北农业科学，58（3）：136-139，145.

陶胤兴，2011. 石油开发中动态管理决策支持系统的设计研究[D]. 长春：吉林大学.

田承先，2019. 建立促进城乡经济社会发展一体化制度[J]. 今日财富（21）：69.

田国强，王莉，陈洁，2010. 不同规模淡水鱼养殖投入产出比较分析——基于淡水鱼养殖成本收益面板数据的实证研究[J]. 中国渔业经济，28（3）：125-131.

童洪志，冉建宇，管陈雷，2021. 乡村振兴背景下三峡库区现代农业主导产业选择研究——以重庆万州区为例[J]. 农业现代化研究，42（4）：619-628.

汪新君，2006. 区域主导产业的选择和培育[D]. 杭州：浙江大学.

王保宏，朱明明，2006. 区域发展差距的产业解决途径——赫希曼基准的再认识[J]. 河西学院学报（3）：17-18+23.

王国升，高旺盛，陈源泉，2006. 我国区域农村经济发展差距的成因与协调发展对策[J]. 农业现代化研究（2）：119-122，135.

王娟娟，2014. 日本农业"六次产业化"分析[D]. 长春：吉林大学.

王梁，陈守越，朱利群，等，2012. 河南农业主导产业的定量选择与评价[J]. 浙江农业学报，24（5）：936-942.

王梁，张沛琪，朱利群，等，2012. 模糊灰色关联的县域农业主导产业评价定量模型及应用[J]. 江苏农业学报，28（4）：891-897.

王玲玲，郭进利，2015. 基于成分分析的生猪养殖成本—效益研究——以南通如东为例[J]. 中国畜牧杂志，51（22）：35-38.

王培先，2003. 适度规模经营：我国农业现代化的微观基础[D]. 上海：复旦大学.

王蕊，2016. 关于加快推进我国农业现代化进程的路径探析[J]. 赤峰学院学报（汉文哲学社会科学版），37（3）：118-120.

王淑英，2011. 基于灰色定权聚类的河南省农业现代化发展水平评价[J]. 河南农业大学学报，45（4）：487-492.

王淑英，李博博，张水娟，2018. 基于空间计量的环境规制、空间溢出与绿色创新研究[J]. 地域研究与开发，37（2）：138-144.

王雯，2017. 东阿县农业"新六产"发展存在的问题及建议[J]. 现代农业科技（22）：269-270.

王晓君，何亚萍，蒋和平，2020. "十四五"时期的我国粮食安全：形势、问题与对策[J]. 改革（9）：27-39.

王英姿，2014. 中国现代农业发展要重视舒尔茨模式[J]. 农业经济问题，35（2）：41-44.

王泳茹，2020. 加快我国农业产业化创新发展的路径分析[J]. 人民论坛·学术前沿（14）：124-127.

王云跃，2010.辽宁省农民专业合作社运行模式研究[D].北京：中国农业科学院.

王昭，2010.区域主导产业选择理论综述[J].全国商情（理论研究）（3）：26-27.

王仲智，林炳耀，2005.集群理论与主导产业理论比较研究[J].地理科学（1）：23-28.

温鹏，2010.辽宁省凌源市农业产业化发展中的政府行为研究[D].北京：中国农业科学院.

吴丹，王亚华，马超，2017.北大荒农业现代化的绿色发展模式与进程评价[J].农业现代化研究，38（3）：367-374.

吴妍，2020.湖北省农业现代化发展水平空间分异及类型[J].中国农业资源与区划，41（11）：150-157.

习近平.高举中国特色社会主义伟大旗帜为全面建设社会主义现代化国家而团结奋斗[N].人民日报，2022-10-26（01）.

小宫隆太郎，余昺鹏，1988.日本产业政策争论的回顾和展望[J].现代日本经济（3）：5-8.

筱原三代平，1957.产业结构与投资分配[J].一桥大学经济研究（8）：23-28.

辛岭，郝汉，2022.我国农业现代化发展水平评价方法研究[J].农业现代化研究，43（5）：747-758.

辛岭，蒋和平，2010.我国农业现代化发展水平评价指标体系的构建和测算[J].农业现代化研究，31（6）：646-650.

邢军伟，高中理，吴殿廷，2010.基于因子分析法的辽宁工业主导产业选择[J].沈阳师范大学学报（自然科学版），28（3）：363-366.

熊帅，纪仁芬，顾志新，等，2014.浦东新区2012年桃园生产成本调查报告[J].上海农业科技（1）：65-66.

徐蔼婷，2006.德尔菲法的应用及其难点[J].中国统计（9）：57-59.

徐合帆，郑军，余家凤，等，2019.乡村振兴背景下财政支农绩效及影响因素分析——以湖北省为例[J].税收经济研究，24（2）：81-90.

徐星明，杨万江，2000.我国农业现代化进程评价[J].农业现代化研究（5）：276-282.

徐哲根，2011.日本农户增收的产业路径及其启示[J].现代日本经济（3）：

48-54.

许彩玲，李建建，2019. 城乡融合发展的科学内涵与实现路径——基于马克思主义城乡关系理论的思考[J]. 经济学家（1）：96-103.

许皓月，牛细婷，杨兰伟，等，2011. 基于区位熵分析法的石家庄市优势农业主导产业研究[J]. 河北农业科学，15（1）：116-117，122.

许佳贤，张春霞，苏时鹏，等，2009. 福建县域农业现代化发展水平评价与分析[J]. 福建农林大学学报（哲学社会科学版），12（5）：24-27.

亚当·斯密，2013. 国富论[M]. 杨兆宇，译. 北京：华夏出版社.

杨海，2005. 阿瑟·刘易斯及其理论启示[J]. 高等函授学报（哲学社会科学版）（4）：52-54，69.

杨洪焦，钱颜文，孙林岩，2006. 产业集群理论研究述评[J]. 经济问题探索（3）：91-94.

杨丽琴，邓艾，2008. 四川藏区农业主导产业选择及分析[J]. 社科纵横（2）：50-52.

杨奇峰，张平宇，李静，等，2022. 东北地区农业现代化发展水平测度与时空演变分析[J]. 地理科学，42（9）：1588-1599.

杨润芝，2010. 天津市农机安全监理法制化建设研究[D]. 北京：中国农业科学院.

杨治，1982. 篠原三代平的产业结构理论[J]. 现代日本经济（4）：38-43.

佚名. 全面推进乡村振兴加快建设农业强国[N]. 人民日报，2023-02-14（01）.

易小燕，陈印军，袁梦，等，2016. 日本以"六次产业化"发展现代农业的做法与启示[J]. 中国农业资源与区划，37（7）：54-60，129.

易奕，2013. 城乡统筹与农村医疗保障制度[J]. 现代经济信息（15）：411-412.

于东澍，2012. 桓仁县农业主导产业选择研究[D]. 重庆：西南大学.

余汉新，1993. 农业比较利益—农业现代化理论与实践探讨的一个视角[J]. 农业现代化研究（6）：341-345.

余双，高芬，2021. 乡村振兴背景下县域农业产业发展研究——以团风县为例[J]. 湖北农业科学，60（15）：195-198.

袁军宝，2009. 我国农业现代化进程中的农户兼业经营问题研究[D]. 兰州：兰州大学.

约翰·冯·杜能，1986. 孤立国同农业和国民经济的关系[M]. 吴衡康，译. 北京：商务印书馆.

岳宏，2011. 中国肉牛产业可持续发展研究[D]. 长春：吉林农业大学.

张帆，王福林，吴昌友，等，2013. 大庆市种植业劳动力需求预测[J]. 农机化研究，35（6）：48-50，54.

张海鹰，2010. 黑龙江省中小型饲料企业经营管理研究[D]. 北京：中国农业科学院.

张魁伟，2004. 区域主导产业评价指标体系的构建[J]. 科技进步与对策（8）：7-9.

张蕾，2015. 黑龙江垦区水稻经济成本核算的研究[D]. 大庆：黑龙江八一农垦大学.

张明亮，1995. 中国农村农产品加工业发展状况、问题与建议[J]. 中国农业资源与区划（1）：4-8.

张明龙，周剑勇，刘娜，2014. 杜能农业区位论研究[J]. 浙江师范大学学报（社会科学版），39（5）：95-100.

张姗，2018. 宁夏农业现代化发展水平评价研究[D]. 银川：宁夏大学.

张小利，2003. 试论法制现代化中人的法律观念的现代化[J]. 咸阳师范学院学报（5）：35-36.

张晓晗，刘瑞峰，马恒运，2020. 基于CiteSpace的国内乡村振兴研究热点及趋势可视化分析[J]. 中国农业资源与区划，41（7）：40-50.

张杏伟，2019. 浅析农业区域经济开发中主导产业的选择[J]. 中国集体经济，（29）：10-11.

张延龙，王明哲，钱静斐，等，2021. 中国农业产业化龙头企业发展特点、问题及发展思路[J]. 农业经济问题（8）：135-144.

张阳生，赵娟，惠怡安，2007. 陕北能源化工基地的产业升级及其结构优化重组[J]. 干旱区资源与环境（3）：15-18.

张耀兰，王光宇，孔令聪，等，2014. 安徽省小麦生产成本收益分析[J]. 中国农业资源与区划，35（4）：116-120.

张永强，蒲晨曦，张晓飞，等，2017. 供给侧改革背景下推进中国农村一二三产业融合发展——基于日本"六次产业化"发展经验[J]. 世界农业（5）：44-50.

张韵，2022. 浙江省农业主导产业科技论文发表情况分析与启示[J]. 浙江农业科学，63（7）：1425-1429，1433.

张忠根，史清华，2001. 农地生产率变化及不同规模农户农地生产率比较研究——浙江省农村固定观察点农户农地经营状况分析[J]. 中国农村经济（1）：67-73.

赵红巍，吕杰，2013. 基于主成分BP神经网络的农业现代化综合评价体系研究[J]. 沈阳农业大学学报，44（1）：57-62.

赵建华，赵晓铭，2017. 产业融合背景下我国现代农业产业集群发展策略研究——基于钻石模型的实证分析[J]. 现代农业科技（5）：247-248，252.

赵立秋，2011. 中国农业现代化发展的技术支撑体系构建研究[D]. 哈尔滨：东北林业大学.

赵连阁，钟搏，2015. 基于SFA的中国生猪养殖成本效率研究[J]. 中国畜牧杂志，51（4）：31-36.

赵林峰，熊兴耀，2007. 农业专家系统的问题与发展[J]. 农业网络信息，（6）：43-45.

赵雪飞，2003. 肉牛出栏最佳时间[J]. 黑龙江畜牧兽医（9）：20.

赵英明，明绍庚，2023-01-13. 省十四届人大一次会议隆重开幕[N]. 辽宁日报（01）.

曾新群，1988. 产业主导部门分析理论的发展[J]. 中国工业经济（1）：40-46.

郑文兵，仲笑林，2005. 农业现代化进程中农村劳动力的有效转移[J]. 山西财经大学学报（5）：25-29.

郑兴和，杨加水，崔太昌，等，1997. 山东省农业现代化指标体系与阶段性研究[J]. 农业现代化研究（1）：5-8.

郑兴明，2019. 乡村振兴的东亚经验及其对中国的启示——以日本韩国为例[J]. 兰州学刊（11）：200-208.

钟晓萍，于晓华，2023. 中国式现代化道路下的农业发展逻辑、路径与政策选择[J]. 学习与探索（1）：144-152.

周灿芳，曹阳，余华荣，等，2007. 区域农业规划方法与实践研究[J]. 广东农业科学（12）：136-139.

周国华，龙花楼，林万龙，等，2023. 新时代"三农"问题和乡村振兴的理论思考与实践发展[J]. 自然资源学报, 38（8）: 1919-1940.

周洁红, 黄祖辉, 2002. 农业现代化评论综述——内涵、标准与特性[J]. 农业经济（11）: 1-3.

周蕊蕊, 2014. 中国主要粮食作物需水满足度时空特征分析[D]. 武汉: 华中师范大学.

周松兰, 刘栋, 2005. 产业关联度分析模型及其理论综述[J]. 商业研究（5）: 107-111.

周艳丽, 2019. 乡村振兴战略下农业产业化联合体的培育发展研究[J]. 农业经济（4）: 27-28.

朱绪荣, 邓宛竹, 2013. 现代农业示范区主导产业规划方法研究[J]. 中国农学通报, 29（2）: 44-51.

祝小宁, 罗敏, 2008. 对马克思恩格斯城乡统筹发展理论体系的当代解读[J]. 西华师范大学学报（哲学社会科学版）（5）: 66-70.

邹继业, 1998. 论我国社会主义农业现代化建设[D]. 北京: 中共中央党校.

BAHIIGWA G, RIGBY D, WOODHOUSE P, 2005. Right target, wrong mechanism? Agricultural modernization and poverty reduction in Uganda[J]. World Development, 33（3）: 481-496.

BELLON M R, HELLIN J, 2011. Planting hybrids, keeping landraces: agricultural modernization and tradition among small-scale maize farmers in Chiapas, Mexico[J]. World Development, 39（8）: 1434-1443.

FORTIER F, THI THU TRANG T, 2013. Agricultural modernization and climate change in Vietnam's post-socialist transition[J]. Development and change, 44（1）: 81-99.

HUNT S D, MORGAN R M, 1995. The comparative advantage theory of competition[J]. Journal of marketing, 59（2）: 1-15.

KNICKEL K, ZEMECKIS R, TISENKOPFS T, 2013. A critical reflection of the meaning of agricultural modernization in a world of increasing demands and finite resources[C]//Proceedings, 6（1）: 561-567.

LAGUË C, 2020. Agricultural Mechanization in the 21st Century[J]. Resource Magazine, 27（2）: 27-27.

LEWIS W A, 2013. Theory of economic growth[M]. New York: Routledge.

LI X, GUAN R, 2023. How does agricultural mechanization service affect agricultural green transformation in China? [J]. International Journal of Environmental Research and Public Health, 20（2）: 1655.

LI Y, WANG J, LIU Y, et al., 2014. Problem regions and regional problems of socioeconomic development in China: A perspective from the coordinated development of industrialization, informatization, urbanization and agricultural modernization[J]. Journal of Geographical Sciences, 24: 1115-1130.

NICHOLSON N K, 1984. Landholding, agricultural modernization, and local institutions in India[J]. Economic Development and Cultural Change, 32（3）: 569-592.

ROCCHI L, BOGGIA A, PAOLOTTI L, 2020. Sustainable agricultural systems: A bibliometrics analysis of ecological modernization approach[J]. Sustainability, 12（22）: 9635.

ROSTOW W W, 1959. The stages of economic growth[J]. The economic history review, 12（1）: 1-16.

SCHULTZ T W, 1966. Transforming traditional agriculture: Reply[J]. Journal of farm Economics, 48（4）: 1015-1018.

STAMP L D, 1931. The land utilization survey of Britain[J]. The Geographical Journal, 78（1）: 40-47.

TULI A, HASTEER N, SHARMA M, et al., 2014. Framework to leverage cloud for the modernization of the Indian agriculture system[C]//IEEE International Conference on Electro/Information Technology. IEEE: 109-115.

TAKESHIMA H, JOSHI P K, 2019. Overview of the agricultural modernization in Southeast Asia[M]. Intl Food Policy Res Inst.

XIA M, ZENG D, HUANG Q, et al., 2022. Coupling coordination and spatiotemporal dynamic evolution between agricultural carbon emissions and agricultural modernization in China 2010–2020[J]. Agriculture, 12（11）: 1809.

YANG D T, ZHU X, 2013. Modernization of agriculture and long-term growth[J].

Journal of monetary economics, 60（3）: 367-382.

YE J, 2015. Land Transfer and the Pursuit of Agricultural Modernization in China[J]. Journal of agrarian change, 15（3）: 314-337.

ZHANG X G A, 2015. Research on the Evaluation of Coordinated Development Level of Industrialization, Informatization, Urbanization and Agricultural Modernization in China[J]. International Journal of Smart Home, 9（10）: 1-8.

ZHANG Z, LI Y, ELAHI E, et al., 2022. Comprehensive evaluation of agricultural modernization levels[J]. Sustainability, 14（9）: 5069.

# 农业规划中区域主导产业选择与现代化水平研究

关鑫 张恬 卢布 魏琨翔 等◎著

中国农业科学技术出版社

图书在版编目（CIP）数据

农业规划中区域主导产业选择与现代化水平研究 / 关鑫等著. -- 北京：中国农业科学技术出版社，2024. 10. -- ISBN 978-7-5116-7153-0

Ⅰ.F322

中国国家版本馆 CIP 数据核字第 2024298YT6 号

责任编辑　李　华
责任校对　李向荣
责任印制　姜义伟　王思文

| 出 版 者 | 中国农业科学技术出版社 |
|---|---|
| | 北京市中关村南大街 12 号　　邮编：100081 |
| 电　　话 | （010）82109708（编辑室）　　（010）82106624（发行部） |
| | （010）82109709（读者服务部） |
| 网　　址 | https://castp.caas.cn |
| 经 销 者 | 各地新华书店 |
| 印 刷 者 | 北京建宏印刷有限公司 |
| 开　　本 | 170 mm×240 mm　1/16 |
| 印　　张 | 11.75 |
| 字　　数 | 205 千字 |
| 版　　次 | 2024 年 10 月第 1 版　　2024 年 10 月第 1 次印刷 |
| 定　　价 | 85.00 元 |

◀━━ 版权所有·侵权必究 ━━▶